Entre Raízes e Asas

Uma Reflexão Psicanalítica sobre os Desafios da Adolescência na Contemporaneidade

Gabriela Hostalácio

Entre Raízes e Asas

Uma Reflexão Psicanalítica sobre os Desafios da Adolescência na Contemporaneidade

Gabriela Hostalácio

Impressão e Acabamento
Digitop Gráfica Editora

Direitos Reservados
Nenhuma parte pode ser duplicada ou reproduzida sem expressa autorização do Editor

Sarvier Editora de Livros Médicos Ltda.
Rua Rita Joana de Sousa, nº 138 – Campo Belo
CEP 04601-060 – São Paulo – Brasil
Telefone (11) 5093-6966
sarvier@sarvier.com.br
www.sarvier.com.br

Dados Internacionais de Catalogação na Publicação (CIP)
(Câmara Brasileira do Livro, SP, Brasil)

> Hostalácio, Gabriela
>   Entre raízes e asas : uma reflexão psicanalítica sobre os desafios da adolescência na contemporaneidade / Gabriela Hostalácio. -- São Paulo : Sarvier Editora, 2025.
>
>   ISBN 978-65-5686-053-4
>
>   1. Adolescentes – Aspectos psicológicos
>   2. Emoções – Aspectos psicológicos 3. Psicanálise
>   4. Relações afetivas 5. Reflexões I. Título.
>
> 25-248346   CDD-155.5

Índices para catálogo sistemático:

1. Adolescência : Psicologia   155.5

Eliane de Freitas Leite – Bibliotecária – CRB 8/8415

Entre Raízes e Asas

Uma Reflexão Psicanalítica sobre os Desafios da Adolescência na Contemporaneidade

Gabriela Hostalácio

sarvier

Autora

Sou graduada em Psicologia pela PUC Campinas, com especialização em Psicanálise pelo CEFAS, e sigo aprofundando meus estudos nas abordagens freudiana e winnicottiana, com aprimoramento pela UNICAMP. Atualmente, estou em processo de formação na Psicanálise Winnicottiana pelo Instituto Brasileiro de Psicanálise Winnicottiana. Ao longo de mais de 10 anos, meu trabalho tem se concentrado no atendimento clínico de jovens e adultos, onde cada sessão me desafia e me inspira a mergulhar mais fundo nas complexidades do ser humano.

Escrevi o livro *Pele, Psicossomática e Psicanálise: Uma Visão Integrativa das Psicodermatoses*, onde mergulhei na relação entre mente e corpo, revelando minha paixão por integrar diferentes saberes e refletir sobre as nuances do sofrimento humano. Esse desejo de compartilhar conhecimento e promover reflexões profundas me acompanha em cada página e em cada conversa que tenho com meus pacientes.

Além da psicologia, outros papéis me definem e me nutrem: sou mãe de um casal de gêmeos, uma experiência que me ensina diariamente sobre amor, paciência e crescimento. Nas horas vagas, encontro refúgio e expressão na arte, sendo artesã por hobby, busco manter minha mente e corpo em equilíbrio através da prática de yoga e do autoconhecimento.

Acredito profundamente que cada fase da vida traz seus desafios e oportunidades, e é com essa visão que tento contribuir para um olhar mais humano e acolhedor sobre a adolescência e outras etapas da vida. Seja no consultório, nas palavras de um livro ou na criação artística, o que me move é o desejo de transformar, de compartilhar e de cuidar.

Gabriela Hostalácio

Agradecimentos

"Somos todos fragmentos em busca de uma rede que nos sustente."

André Green

Aos meus pais, *Dilvo* e *Maria de Fátima*, que me acolheram durante as intensas transformações e os conflitos psíquicos da adolescência. Obrigada por suportarem minhas incertezas, angústias e contradições, mesmo quando eu mesma não conseguia compreender o que estava vivendo.

Ao meu companheiro, *Bruno*, e aos meus filhos, *Lua* e *Dom*, que me ensinam, dia após dia, a encontrar o equilíbrio entre ser raízes e asas.

À minha colega de profissão, a psicanalista *Carolina Vianna Benossi*, por seu incentivo e inspiração. Obrigada pela parceria e pelas trocas que tanto enriqueceram este projeto.

*"A adolescência é o equilíbrio entre
o que ancora e o que impulsiona –
entre as raízes que sustentam e as asas
que levam ao futuro."*

Gabriela Hostalácio

Prefácio

*"Que a leitura seja sempre um caminho
para aprender, libertar e transformar."*

Por Ruth A. Amorim Cerejo

Psicóloga clínica, estudiosa e admiradora da teoria de D. W. Winnicott, formada pela Universidade Paulista (UNIP), na primeira turma, em 2000. Durante sua trajetória no Serviço de Saúde Dr. Cândido Ferreira, desenvolveu uma escuta sensível e um olhar empático, sempre voltado para o acolhimento. Atuou também no Hospital Dia, CAPS e Residência Terapêutica, com especial atenção aos estudos das psicoses. Hoje, além de atender em seu consultório, atua como supervisora clínica e institucional, sempre buscando criar espaços de cuidado e reflexão.

Acolher para Compreender

Sempre que tomamos um livro nas mãos, seja ele indicado por um professor, palestrante ou qualquer outra fonte, é natural nos perguntarmos: *"O que busco nessas páginas? O que o autor quer me contar?"* Ao ler o título de cada capítulo, podemos vislumbrar o caminho que será percorrido. O leitor pode, inclusive, escolher por onde começar sua jornada.

Entre Raízes e Asas tem muito a oferecer para todos aqueles que convivem com um jovem em sua travessia pela adolescência – sejam pais, cuidadores ou educadores. Não é um manual, mas sim um convite ao acolhimento, à reflexão e à descoberta de novos caminhos. É uma leitura envolvente e instigante, Gabriela aborda, com delicadeza e o respaldo da clínica psicanalítica, um tema que desafia e toca muitos de nós.

Ao longo da leitura, nota-se claramente um diálogo próximo com os pais. Em minhas leituras de Winnicott, sempre me recordo da importância de acolher os pais, especialmente nos momentos de angústia. Essa é a proposta central deste livro: oferecer um espaço de acolhimento e apoio, para que os pais também se sintam amparados em sua jornada.

Compreender o percurso histórico do conceito de adolescência nos ajuda a suavizar o impacto daquela frase comum: *"No meu tempo, as coisas não eram assim...".* A psicanálise, somada a outros estudos, ilumina o caminho, mostrando como podemos nos aproximar do adolescente de hoje e construir uma ponte de entendimento e acolhimento. As observações clínicas aqui presentes apontam para possíveis saídas que podem ser oferecidas a pais e cuidadores. Estar *"perdido"* é algo passageiro. *Entre Raízes e Asas* ilumina esse percurso, lembrando que as melhores soluções surgem de esforços compartilhados.

Os desafios contemporâneos são diferentes. Ser adolescente nas décadas de 70 ou 80 era viver uma experiência com outra *"roupagem"*. Hoje, compreender o adolescente exige um novo *"guarda-roupa"*. A autora descreve temas essenciais, como corpo, sexualidade, emoções, diagnósticos, redes sociais e drogas. Falar sobre tudo isso é urgente e necessário. Outro ponto essencial do livro é a travessia do luto da infância. Cabe aos pais e cuidadores, junto ao adolescente, caminhar por esse luto. É necessário reconhecer que aquela criança que cumprimentava as visitas, não batia portas, comia de tudo e ia às festas de aniversário dos amigos dos pais, agora dá lugar ao adolescente. O trato, agora, é outro. Seu filho ou filha ainda está ali, ainda se chama *Pedro, Gabriela, Gustavo, Aline*. O desafio é continuar a amá-los nesse novo espaço, abrindo-se para conhecê-los de uma forma diferente, à medida que se transformam.

Entre Raízes e Asas deseja caminhar ao lado de pais, educadores e cuidadores nessa jornada. Os exemplos práticos ao longo do texto são prova disso. O livro vai direto ao ponto: *como manejar o sofrimento que tantas vezes acompanha o adolescente, seus pais e toda a família.* Gabriela também destaca a importância de um olhar cuidadoso e atento para o outro. Não conseguimos ver o momento exato em que a borboleta deixa o casulo – é um processo solitário e único. Mas o que precisamos perceber é o casulo em si, confiando que, mesmo em silêncio, algo valioso está se transformando ali.

Desejo a todos uma boa leitura. Que o contato com as ideias deste livro possa nos reconectar com nossa própria adolescência, abrindo espaço para novas reflexões.

O caminho está traçado.

Sumário

Apresentação 1

Capítulo I

Adolescência 7

  A Evolução da Adolescência: Da Força de Trabalho
    à Identidade Cultural 7

  Um Novo Corpo em Mim 9

  Novas Dinâmicas Psíquicas 10

  Adolescência e Psicanálise 12

  Antecipação e Prolongamento da Adolescência 15

Capítulo II

O Corpo em Transformação 19

  A Importância da Comunicação Aberta sobre
    a Sexualidade 22

  A Necessidade de Simbolizar a Passagem 24

  Sugestões de Rituais de Passagem 25

Capítulo III

As Emoções 28

  Quando a Representação se Torna Perigosa:
    A Automutilação na Adolescência (*Cutting*) 30

Quando a Dor se Torna Agressão: *Bullying* na Adolescência	32
Confusão Emocional: A Ambivalência	36
Tristeza e Melancolia (Depressão)	39
A Transição para a Simbolização	40

Capítulo IV

A Relação com os Pais.. 43

Os Modelos Parentais na Atualidade..........................	45
O Impacto das Mudanças Geracionais na Relação Pais e Filhos..	48
A Dificuldade de Enxergar o Filho em Transformação	50

Capítulo V

Novas Relações, Novos Significados 53

As Novas Configurações Familiares: Famílias Monoparentais e Homoparentais.................	54
Relações Amorosas: A Diversidade de Afetos...............	57
Identidade de Gênero: Entendendo e Apoiando............	58

Capítulo VI

A Era dos Diagnósticos 61

O Papel da Psiquiatria e da Psicanálise	63
Entre Crise e Diagnóstico: O Limite da Patologização na Adolescência...............	64

Capítulo VII

Drogas e Vícios **68**

Vício na Adolescência 70

Evolução Histórica do Uso de Drogas na Adolescência 72

Como Identificar Possíveis Alterações de Comportamentos
que Podem Indicar o Uso de Substâncias? 74

Presença e Cuidado:
Estratégias Sensíveis para Proteger e Orientar 77

Capítulo VIII

As Redes Sociais **79**

Por que as Redes Sociais Geram Tanta Angústia
e Sofrimento Emocional? 80

Conectados e Sobrecarregados 85

Monitoramento e Proteção 89

Formas Indiretas de Proteção e Cuidado 91

Capítulo IX

A Pressão pelo Sucesso **103**

O Processo de Construção da Identidade 104

O Eu Ideal e a Psicanálise 106

Os Efeitos Psicológicos da Pressão pelo Sucesso 108

A Falta de Espaço para o Fracasso 110

Redescobrindo o Sucesso 112

Capítulo X

Entre Raízes e Asas **114**

Conto do Pássaro e Finalização do Livro 114

Carta ao leitor 117

Apresentação

"O correr da vida embrulha tudo. A vida é assim: esquenta e esfria, aperta e daí afrouxa, sossega e depois desinquieta. O que ela quer da gente é coragem."

João Guimarães Rosa

Entre Raízes e Asas: Uma Reflexão Psicanalítica sobre os Desafios da Adolescência na Contemporaneidade é um livro que busca refletir sobre a adolescência e seus desafios nos tempos atuais, a partir de uma perspectiva psicanalítica. A inspiração para escrevê-lo veio de uma experiência marcante: fui convidada por uma escola para realizar ciclos de palestras voltadas para pais, com o objetivo de orientá-los sobre essa fase. Ao final de cada encontro, fiquei surpresa ao perceber como um tema aparentemente tão comum e natural tornou-se, na verdade, um verdadeiro tabu nos dias de hoje. Muitos pais me procuraram, quase desesperados, sem saber como ajudar seus filhos a enfrentar essa fase desafiadora. Foi nesse momento que percebi o quanto estavam perdidos – tanto os pais quanto os filhos.

Movida por esses encontros e pela urgência de oferecer suporte, surgiu em mim o desejo de compartilhar uma nova perspectiva e incentivar uma reflexão mais ampla sobre a adolescência, uma fase que, além de desafiadora, é crucial para o desenvolvimento humano. Meu objetivo foi ir além da visão amplamente difundida da adolescência como um período de turbulência e transição, abordando-a também como uma oportunidade de reorganização psíquica e construção de uma identidade saudável e autêntica.

Com uma linguagem acessível e clara, *Entre Raízes e Asas* é direcionado a profissionais da saúde mental, pais, educadores e a todos aqueles interessados em compreender mais profundamente os desafios e angústias enfrentados pelos adolescentes. A obra oferece não apenas uma análise teórica dos processos psíquicos característicos dessa fase, mas também insights práticos sobre como apoiar e facilitar essa transição crucial para a vida adulta.

Cada capítulo foi cuidadosamente elaborado para que você, leitor, possa percorrer os desafios da adolescência enquanto relembra seus próprios obstáculos do passado. Antes de cada capítulo, compartilhei pequenos trechos inspirados em sessões que realizei com adolescentes ao longo desses dez anos de atendimento clínico, com o objetivo de criar uma ponte que o aproxime dessa fase tão complexa. Muitas vezes, esquecemos as dificuldades que vivemos em nossa própria adolescência, no entanto, ao nos reconectarmos com essas experiências, abrimos espaço para enxergar o outro com mais empatia, ternura e acolhimento – sentimentos essenciais que devem estar presentes no cuidado com os adolescentes.

Capítulo I – Adolescência: Neste capítulo introdutório, o leitor terá uma visão geral dessa fase tão decisiva, entendendo o que a torna única e desafiadora. A partir de uma abordagem prática e teórica, será possível compreender como a psicanálise interpreta a adolescência, estabelecendo uma base sólida para as discussões dos próximos capítulos.

Capítulo II – O corpo em transformação: A adolescência é um período marcado por profundas mudanças no corpo e na mente. Neste capítulo, são abordadas as transformações que o adolescente vivencia em relação ao próprio corpo, a construção da autoestima e o difícil processo de despedida do corpo infantil. Essas mudanças trazem desafios intensos, influenciando não só a percepção que o jovem tem de si, mas também a forma como se relaciona com o mundo ao seu redor.

Capítulo III – As Emoções: As emoções são vividas de forma extremamente intensa durante a adolescência, muitas vezes ganhando representação em forma de atos. Aqui o leitor é convidado a mergulhar na complexa vida emocional dos adolescentes. Frequentemente expressas de maneira impulsiva ou física, essas emoções precisam ser compreendidas e acolhidas, oferecendo ao jovem o suporte necessário para desenvolver uma relação saudável com seus sentimentos.

Capítulo IV – A Relação com os Pais: As tensões entre a busca por autonomia e a preservação dos laços familiares são comuns nesse período. A relação com os pais se transforma; a referência que os adolescentes tinham já não lhes serve mais, e os embates familiares aumentam. Este capítulo foi escrito cuidadosamente para que os pais possam refletir sobre maneiras diferentes de lidar com essas tensões e mudanças, bem como sobre a importância de revisitar suas expectativas e modelos parentais.

Capítulo V – Novas Relações, Novos Significados: O adolescente contemporâneo ressignifica suas relações e identidades de maneiras que desafiam os modelos tradicionais. Neste capítulo, o leitor é convidado a conhecer e se aproximar das novas formas de se relacionar, incluindo o pluralismo nas relações afetivas, a diversidade de expressões de gênero e as novas configurações familiares. Essas mudanças refletem a busca do jovem por autenticidade e pertencimento em um mundo em constante transformação.

Capítulo VI – A Era dos Diagnósticos: Vivemos hoje em uma sociedade que busca padronizar todos os comportamentos, e o aumento no número de diagnósticos de transtornos mentais entre adolescentes é alarmante. A discussão sobre o que é saudável e o que é patológico torna-se urgente. Medicar pode ser um recurso valioso em casos de diagnósticos bem fundamentados; no entanto, a medicalização sem necessidade pode interferir negativamente no desenvolvimento saudável. Até que ponto estamos buscando soluções rápidas, transformando em patologia comportamentos que são naturais e próprios dessa fase da vida?

Capítulo VII – Drogas e Vícios: O desejo de pertencimento e a busca por sensações intensas podem levar os adolescentes a caminhos arriscados. Atualmente, muitos jovens buscam novas maneiras de aliviar suas emoções ou de se integrarem a grupos sociais, o que tem contribuído para o aumento no uso de substâncias ilícitas. Na contemporaneidade, vivemos um novo ciclo com o surgimento e popularização de outras drogas, refletindo uma mudança nos padrões de consumo e nos riscos associados. Este capítulo explora os fatores que levam os adolescentes a esses comportamentos e reflete sobre as implicações para seu desenvolvimento físico e emocional.

Capítulo VIII – As Redes Sociais: As redes sociais hoje são parte integrante do entretenimento e da rotina de crianças e adolescentes, desempenhando um papel central na vida dos jovens. A evolução tecnológica é recente, e ainda não conhecemos completamente os impactos dessa hiperconectividade. No entanto, muitos estudos já apontam uma relação entre o uso excessivo das telas e o aumento de quadros de ansiedade e depressão. Este capítulo foi desenvolvido para incentivar uma reflexão, não apenas para os adolescentes, mas também para os adultos, que muitas vezes também enfrentam desafios em lidar com as redes de maneira saudável.

Capítulo IX – A Pressão pelo Sucesso: Vivemos em uma era que exige cada vez mais dos jovens. A competição tornou-se explícita, seja nas escolas ou no ambiente virtual, e começa já na infância, muitas vezes incentivada pelos próprios pais. Na adolescência, uma fase marcada por um turbilhão de mudanças internas, os jovens se veem ainda mais pressionados a lidar com expectativas inadequadas para seu nível de maturidade. Como estamos avaliando essas cobranças e nossa própria noção de sucesso? A comparação constante nas redes sociais aumentou a necessidade de aparentar felicidade e sucesso, impondo uma pressão contínua. A reflexão neste capítulo é sobre a importância de ensinar também sobre o fracasso e sobre outras formas de reconhecimento, criando espaço para acolhimento e compreensão.

Capítulo X – Entre Raízes e Asas: Através de um conto sobre o pássaro e sua árvore, o livro chega ao final de sua jornada. Assim como o pássaro, o jovem precisa aprender a equilibrar o voo com o retorno às raízes, enquanto os pais assumem o papel da árvore que sustenta e acolhe as partidas e os retornos. Este capítulo traz uma reflexão sensível sobre a importância de oferecer suporte e liberdade, para que os adolescentes encontrem segurança para voar e coragem para sempre voltar.

Que este livro seja uma fonte de inspiração e novas possibilidades, espero que as reflexões aqui apresentadas ofereçam ferramentas para acolher essa fase com mais empatia, diálogo e sensibilidade, fortalecendo laços e promovendo uma nova perspectiva sobre os desafios e as riquezas desse período tão singular.

Boa leitura

Gabriela Hostalácio

"Que possamos lembrar que, em tempos de incerteza, de insegurança e angústia, a nossa presença e a nossa compreensão são os melhores presentes que podemos oferecer aos nossos adolescentes, ajudando-os a encontrar seu caminho."

Gabriela Hostalácio

Capítulo I

Adolescência

> *"Sentir tudo de todas as maneiras, viver tudo de todos os lados, ser a mesma coisa de todos os modos possíveis ao mesmo tempo."*
>
> **Fernando Pessoa**

Para iniciarmos nossa reflexão sobre os desafios que permeiam a adolescência, é fundamental entender o que realmente define essa fase. Embora a transição da infância para a vida adulta tenha sempre existido, o conceito de adolescência como uma etapa específica do ciclo de vida só foi amplamente reconhecido e formalizado a partir do final do século XIX e início do século XX. A construção dessa fase foi motivada por uma combinação de fatores históricos, sociais, biológicos e psicológicos.

A Evolução da Adolescência: da Força de Trabalho à Identidade Cultural

A construção histórica da adolescência revela um processo gradual em que o significado dessa fase foi moldado por mudanças sociais, econômicas e culturais ao longo dos séculos. Antes da Revolução Industrial, crianças e jovens eram vistos como parte integrante das economias familiares, ingressando no trabalho desde cedo para auxiliar em atividades agrícolas, artesanais ou pequenas indústrias familiares. Nesse contexto, a infância e a adolescência como entendemos hoje praticamente não existiam: o jovem era rapidamente inserido nas responsabilidades adultas, e o conceito de adolescência como uma fase distinta de experimentação e desenvolvimento pessoal era inexistente.

Com a Revolução Industrial, o cenário mudou drasticamente. O surgimento das fábricas e a intensa urbanização levaram a uma reavaliação do papel dos jovens na sociedade, que passou a demandar uma força de trabalho especializada. Essa nova realidade industrial exigia habilidades e conhecimentos técnicos que não poderiam ser adquiridos na infância, prolongando, assim, o período escolar. Esse adiamento da entrada no mercado de trabalho trouxe a necessidade de investimentos na educação como forma de desenvolvimento social e profissional, levando a sociedade a reconhecer a adolescência como um período de transição, caracterizado por necessidades específicas de formação, cuidados e supervisão. Com o passar do tempo, essa fase começou a ser entendida não como um caminho direto para a vida adulta, mas como uma etapa distinta, que requer apoio e estrutura para desenvolver competências e identidades próprias.

A partir da década de 1950, uma nova visão da adolescência começou a tomar forma com o surgimento de ícones culturais e movimentos que refletiam o espírito jovem, como o rock and roll e as subculturas juvenis. Jovens tornaram-se protagonistas de uma cultura emergente que celebrava a individualidade, a liberdade e a expressão própria, valores que até então eram geralmente restritos aos adultos. Nesse período, a adolescência passou a ser vista não apenas como uma preparação para a vida adulta, mas como uma fase de intensa experimentação e busca de autonomia. Movimentos juvenis, como os beatniks, hippies e mods, exemplificam essa busca pela expressão individual e pela resistência às normas sociais dominantes, trazendo uma visão da adolescência como uma fase rica em simbolismo e possibilidades.

A cultura de consumo, percebendo o potencial de mercado do público adolescente, passou a direcionar produtos, moda, música e filmes especificamente para esse grupo, consolidando a adolescência como uma identidade cultural própria. Publicidades, programas de TV e revistas voltadas para o público jovem ajudaram a moldar e amplificar essa nova forma de ser. Pela primeira vez, os adolescentes eram vistos como uma força cultural, com poder de influenciar o mercado e de criar uma linguagem própria, simbolizada por artistas como Elvis Presley e, mais tarde, pelos Beatles e Rolling Stones. Esses ícones passaram a representar a liberdade, a irreverência e a busca por autenticidade que marcaram a cultura juvenil.

Nos anos seguintes, o desenvolvimento de novas tecnologias e a internet ampliaram ainda mais a influência da cultura adolescente, permitindo a criação de redes de conexão global e um intercâmbio rápido de ideias, estilos e comportamentos. Hoje, a adolescência não só continua sendo uma fase de transição entre a infância e a vida adulta, mas também uma fase de intensa experimentação cultural e autodescoberta, constantemente alimentada pela mídia, pelas redes sociais e pela globalização.

Dessa forma, o conceito de adolescência se estabeleceu historicamente como uma fase com suas próprias características, influenciada pelas condições econômicas, pelas transformações culturais e pela relação entre as gerações. Ela se tornou não só um período de desenvolvimento pessoal, mas também um espaço de expressão, resistência e inovação, mostrando que essa fase da vida é tanto um reflexo da sociedade quanto uma força que constantemente a transforma.

Um Novo Corpo em Mim

Para além das mudanças sociais, a adolescência tem no corpo biológico sua principal transformação; é nele que ocorrem as mudanças mais intensas e visíveis. Pesquisas nas áreas de endocrinologia e desenvolvimento físico ajudaram a esclarecer essas mudanças, que incluem o surgimento dos caracteres sexuais secundários – sinais de que o corpo infantil está se moldando para assumir sua forma adulta. Esse *"novo cor-*

po" em constante evolução não representa apenas uma mudança física, mas também um desafio psíquico, levando o adolescente a redescobrir-se e a lidar com as novas sensações e percepções que acompanham essa metamorfose.

Quando voltamos nosso olhar para o campo da endocrinologia, revelam-se as complexas interações hormonais que governam as transformações da adolescência. Hormônios como o estrogênio e a testosterona desempenham um papel crucial, atuando como verdadeiros catalisadores das mudanças que ocorrem no corpo, desencadeando o desenvolvimento dos caracteres sexuais secundários, o crescimento ósseo e muscular, e alterações no metabolismo. Esses hormônios não apenas moldam o corpo em sua transição para a vida adulta, mas também influenciam profundamente o comportamento e a psique do adolescente.

A compreensão dessas alterações hormonais mostrou que a adolescência não é apenas uma fase de desafios sociais, mas também um processo biológico, em que o corpo responde a impulsos químicos que afetam desde a aparência física até as oscilações de humor, a energia vital e a forma como o jovem se percebe no mundo. O aumento de hormônios sexuais intensifica o desenvolvimento da sexualidade, os impulsos e o desejo de afirmação, provocando um reordenamento nas relações interpessoais e intrapsíquicas.

Novas Dinâmicas Psíquicas

Com a construção histórica da adolescência consolidada como uma fase de desenvolvimento distinta, marcada por transformações físicas e uma identidade cultural própria, surge a necessidade de entender as complexas dinâmicas psíquicas que acompanham essa fase. A psicologia, desde o século XX, começou a olhar para a adolescência como um período com características emocionais e psíquicas únicas, e pioneiros do campo, como Stanley Hall, Freud e Erik Erikson, ofereceram importantes contribuições para compreender os desafios internos que emergem nesta fase.

A compreensão das novas dinâmicas psíquicas da adolescência se iniciou com Stanley Hall, psicólogo e educador americano, que, em 1904, descreveu esse período como uma fase de *"tempestade e estresse"*, marcada por intensa agitação emocional e profundas mudanças comportamentais. Hall foi o primeiro a reconhecer que a adolescência era uma fase única, não apenas uma continuação da infância, mas um período de intensas reestruturações internas. Ele argumentou que a adolescência envolve uma reorganização psíquica, que reflete tanto o desejo de autonomia quanto a dependência emocional que ainda permanece. Esse entendimento abriu caminho para novas abordagens terapêuticas, que consideram a adolescência um período com necessidades emocionais específicas.

A partir desse olhar inicial, Sigmund Freud, neurologista austríaco e o fundador da psicanálise, aprofundou a análise dos conflitos inconscientes que surgem na adolescência, especialmente relacionados à sexualidade e aos desejos reprimidos. Em suas teorias, Freud explicou que a adolescência marca o retorno das pulsões sexuais que haviam sido recalcadas durante o período de latência infantil. Ele observou que esse retorno é acompanhado por uma reedição simbólica do *Complexo de Édipo*, que se manifesta de maneira menos literal, mas igualmente significativa. Na infância, o *Complexo de Édipo* envolve sentimentos de desejo e rivalidade em relação aos pais – o afeto pelo genitor do sexo oposto e a rivalidade com o do mesmo sexo. Na adolescência, esses conflitos são reativados, mas agora projetados em novas relações e situações, como a busca por uma identidade autônoma e a redefinição das figuras parentais.

Para Freud, esse retorno do *Complexo de Édipo* na adolescência é fundamental na construção da identidade, pois permite ao jovem ressignificar suas relações com os pais e aprender a lidar com seus desejos e limites. Os pais, antes vistos como figuras onipotentes, são agora compreendidos de forma mais realista, como seres humanos com falhas e limitações. Essa reinterpretação permite ao adolescente integrar essas figuras de forma mais madura em sua psique, criando um distanciamento necessário para o estabelecimento de sua própria identidade.

Erik Erikson, psicólogo e psicanalista, também contribuiu significativamente com sua teoria do desenvolvimento psicossocial, destacando a adolescência como o período em que o jovem enfrenta a crise de *"Identidade versus Confusão de Papéis".* Nesse estágio, os adolescentes exploram diferentes papéis sociais, buscando uma identidade coesa. Erikson argumentou que essa fase de experimentação é essencial para o desenvolvimento saudável, pois permite que o jovem experimente e *"tente"* diferentes versões de si mesmo antes de estabelecer uma identidade mais definida. Essa busca se manifesta em mudanças frequentes de estilo, preferências e comportamentos, como se o jovem estivesse testando diferentes máscaras até encontrar aquela que melhor ressoe com seu verdadeiro eu.

Esses estudos pioneiros de Hall, Freud e Erikson ajudaram a estabelecer a adolescência como uma fase única e complexa, marcada por desafios emocionais e psíquicos específicos. Ao compreender a adolescência como uma fase de intensa experimentação e redefinição de relações, a psicologia passou a reconhecer a importância do apoio e da orientação como elementos essenciais. Esse suporte permite ao jovem atravessar os desafios desse período e construir uma identidade sólida e autêntica, baseada em suas próprias experiências e descobertas.

Adolescência e Psicanálise

Seguindo a abordagem psicanalítica, a adolescência é vista como uma fase de transição crucial e rica em transformações psíquicas, na qual o jovem lida com processos inconscientes intensos que irão impactar profundamente a construção de sua identidade. A teoria psicanalítica traz a compreensão de que o adolescente se encontra entre dois mundos psíquicos: a infância, dominada pelo princípio do prazer e pelas fantasias inconscientes, e a vida adulta, onde o princípio da realidade – com suas exigências e limitações – começa a se tornar predominante. Nesse momento de vida, a integração dessas duas forças contrárias gera uma complexa reestruturação interna.

Esse movimento de passagem entre o princípio do prazer e o princípio da realidade, tão importante na adolescência, exige que o jovem reconheça que nem todos os desejos podem ser realizados de forma imediata ou irrestrita. Esse processo de adaptação implica aceitar frustrações, aprender a adiar a gratificação e entender que a vida adulta impõe limites e responsabilidades. Esse ajustamento psíquico marca o início de uma reorganização emocional, preparando o adolescente para enfrentar as demandas e os desafios da maturidade de forma mais adaptada e sustentável.

Além de enfrentar essa nova relação com a realidade, a psicanálise identifica três grandes lutos que o adolescente deve elaborar durante esse período, que ajudam a construir uma nova forma de estar no mundo:

1. **Luto pelo corpo infantil**: Com a puberdade, profundas mudanças físicas e hormonais alteram a relação que o jovem tem com seu corpo, gerando desconforto e insegurança. Esse luto envolve despedir-se da imagem corporal infantil e aceitar o novo corpo, em constante mutação e carregado de novas demandas e impulsos. O adolescente, ao perder a familiaridade com seu corpo infantil, passa a vivenciar um novo corpo, que agora desperta sensações e desejos diferentes.

2. **Luto pela infância**: Outro aspecto essencial é a despedida da fase infantil, caracterizada por proteção, dependência e menor responsabilidade. A adolescência representa a necessidade de abrir mão desse tempo de menor pressão e encarar as novas exigências sociais. Esse luto pode vir acompanhado de sentimentos de nostalgia e de uma sensação de perda de inocência. Adaptar-se a essa nova realidade é um passo importante para a construção de uma identidade mais autônoma.

3. **Luto pela relação infantil com os pais**: Essa fase exige que o adolescente reconfigure a relação com os pais, buscando um equilíbrio entre o desejo de autonomia e a necessidade de segurança emocional. Essa transformação envolve a perda do relacionamento infantil com os pais e a criação de uma nova dinâmica, onde o jovem aprende a se relacionar com eles de forma mais independente.

Longe de serem apenas momentos de turbulência, esses conflitos internos são essenciais para o crescimento psíquico. É durante a adolescência que o jovem precisa confrontar e elaborar os resíduos inconscientes da infância, integrando-os de forma que possibilitem uma identidade mais coesa à realidade.

Outro aspecto central na adolescência, segundo a psicanálise, é a construção da identidade. Esse processo envolve não só os desejos conscientes, mas também o confronto com as pulsões inconscientes e com os desejos reprimidos da infância. A busca por uma identidade sólida é um dos objetivos centrais dessa fase, embora seja frequentemente acompanhada por momentos de confusão, angústia e, em alguns casos, por tentativas de fuga ou defesas psíquicas diante das exigências da realidade. A dificuldade em estabelecer uma identidade clara pode gerar um sentimento de alienação ou falta de direção, o que intensifica os conflitos internos e os desafios de adaptação ao mundo externo. Para a psicanálise, a construção de uma identidade sólida e coerente depende da capacidade do adolescente de confrontar e integrar esses aspectos inconscientes, permitindo que ele desenvolva uma relação mais madura com o próprio mundo interno.

O processo de autodescoberta na adolescência é tudo menos linear, envolvendo idas e vindas, rupturas e reconstruções enquanto o jovem experimenta diferentes versões de si mesmo em busca de uma identidade autêntica. Essa fase de intensa experimentação é marcada tanto por avanços quanto por retrocessos, em que o adolescente lida com frustrações, lutos e conflitos internos. A psicanálise sugere que, quando esses processos de luto e de reestruturação psíquica ocorrem de forma saudável, o jovem alcança uma maior estabilidade emocional, o que contribui para o desenvolvimento de uma identidade sólida e de uma autonomia consistente. Essas conquistas são fundamentais para a capacidade de estabelecer relações saudáveis, encarar desafios futuros com resiliência e viver a vida adulta de maneira autêntica e equilibrada, integrando o princípio da realidade de forma construtiva.

Antecipação e Prolongamento da Adolescência

A palavra *"adolescência"* está intimamente ligada à ideia de *"transição"* e *"desenvolvimento"*. Vinda do latim *adolescere*, que significa *"crescer"* ou *"tornar-se maduro"*, reflete o processo de amadurecimento físico, emocional e social que acontece tipicamente entre os 12 e 18 anos. No entanto, vivemos hoje um fenômeno tanto de antecipação quanto de prolongamento dessa fase. Crianças com cerca de 9 anos já demonstram características típicas da adolescência, enquanto muitos jovens adultos continuam a exibir comportamentos adolescentes, prolongando essa fase de transição.

A ruptura dos limites entre infância, pré adolescência, adolescência e vida adulta é um fenômeno contemporâneo, as distinções entre essas fases do desenvolvimento humano se tornaram cada vez mais fluidas e difíceis de se identificar. Tradicionalmente, a infância era vista como um período de inocência, brincadeiras e descobertas, enquanto a adolescência marcava o início das preocupações com a identidade, socialização e a transição para a vida adulta – caracterizada por maior autonomia, responsabilidade e capacidade de tomada de decisões. No entanto, essa separação tem sido progressivamente desafiada por fatores culturais, sociais e econômicos, resultando na antecipação (pré adolescência) e postergação da adolescência, gerando assim um encurtamento da infância e uma adolescência mais prolongada.

A pré-adolescência, um período que podemos chamar de *"antecipação da adolescência"*, distingue-se pela manifestação precoce de comportamentos e atitudes tradicionalmente associados à adolescência, mas não acompanhada ainda das mudanças físicas mais evidentes. Nessa fase, o jovem começa a demonstrar maior preocupação com a aparência, interesse pelo consumo, aumento no uso de tecnologia e busca por interações sociais mais complexas. Esse fenômeno está intimamente ligado à exposição antecipada a temas adultos, antes que a criança tenha desenvolvido a maturidade emocional e cognitiva para compreendê-los integralmente. Assim, a pré-adolescência parece ter um curso independente da maturação física e, em muitos casos, pode se estender por um tempo considerável.

Vivemos em uma sociedade orientada pelo consumo, que incentiva a criação de produtos destinados a acelerar o processo de *"adultização"* das crianças. Isso se reflete em áreas como moda, cosméticos e entretenimento, onde produtos que antes eram destinados exclusivamente a adolescentes e adultos agora são projetados para crianças, reforçando a ideia de que elas devem se comportar como *"mini-adultos"*. Nesse contexto, as crianças são encorajadas a valorizar o consumo e a posse de bens materiais como indicadores de status e aceitação social. Essa pressão pode interferir negativamente no desenvolvimento de uma identidade saudável e valores pessoais. Em vez de se desenvolverem com base em habilidades, criatividade ou empatia, elas podem se ver focadas em marcas, produtos e aparência, o que afeta não apenas seu desenvolvimento emocional, mas também sua autoestima e bem-estar.

É fundamental que cuidadores e educadores compreendam e reconheçam esses fenômenos, promovendo ambientes que valorizem a infância e permitam que as crianças desfrutem dessa fase com liberdade e segurança, sem a pressão de atender expectativas adultas prematuras. Nosso papel é proteger a infância.

Já o prolongamento da adolescência é marcado pela manutenção da dependência emocional e financeira e, a isso, podemos atribuir vários fatores como mudanças no mercado de trabalho, o aumento da exigência de qualificação acadêmica, instabilidade econômica, além de complexas demandas emocionais e sociais que acabam por impactar diretamente a transição para a vida adulta, prolongando a indefinição entre o término da adolescência e o emergir da vida adulta.

O cenário do mercado de trabalho, cada vez mais competitivo, exige níveis elevados de qualificação, o que faz com que os jovens dediquem mais tempo aos estudos, retardando sua inserção no mercado de trabalho. Além disso, o aumento do custo de vida dificulta a independência financeira, mesmo para aqueles que já obtiveram o primeiro emprego. Salários iniciais muitas vezes não são suficientes para cobrir despesas básicas como moradia e alimentação, prolongando o período de dependência financeira e necessidade de apoio.

No âmbito emocional, muitos pais adotam uma abordagem mais permissiva na educação, o que pode gerar confusão em papéis essenciais, como a orientação e a definição de limites. A superproteção, ao evitar que os filhos enfrentem frustrações ou desafios por conta própria, pode dificultar o desenvolvimento da responsabilidade pessoal. Consequentemente, os jovens têm menos oportunidades de aprender a lidar com as consequências de suas escolhas, fundamentais para o amadurecimento emocional. Embora bem-intencionada, essa forma de educação pode contribuir para a manutenção de uma dependência emocional prolongada, retardando a capacidade de lidar com as adversidades de forma independente.

Hoje também observamos uma redefinição do conceito de independência. Para as novas gerações, ser independente não se resume mais à conquista da autonomia financeira, mas está cada vez mais atrelado à realização de algo significativo, como adquirir um bem, alcançar um objetivo ou concretizar um projeto pessoal importante. Essa mudança de percepção amplia o conceito de independência, tornando o processo mais longo e complexo, com foco no equilíbrio entre metas materiais e pessoais e na busca por um sentido maior de propósito e realização na vida.

A adolescência é palco de uma batalha interna, onde o corpo biológico e o corpo simbólico se confrontam e se ajustam, enquanto o jovem tenta integrar essas transformações em sua identidade. Nesse processo, ele vivencia não apenas mudanças físicas, mas também profundas transformações emocionais e sociais que redefinem seu lugar no mundo. Essa compreensão nos leva a uma visão integrada, onde o biológico, o psicológico e o social se entrelaçam, revelando a adolescência como uma fase de renascimento – uma metamorfose constante que prepara o indivíduo para os desafios e responsabilidades da vida adulta, sem apagar as marcas dessa travessia.

Com esses conceitos estabelecidos, convido você, leitor, a caminhar pelos desafios dessa fase tão única e transformadora. Vamos juntos explorar não apenas os dilemas conhecidos, mas também os novos desafios que emergem das mudanças e demandas do mundo atual, influenciando profundamente a experiência da adolescência. Venha para as próximas páginas com o coração aberto, sem pressa e sem defesas. Os demais capítulos não foram escritos com o intuito de oferecer respostas prontas ou certezas. O objetivo é compartilhar novas perspectivas, lançar luz sobre as incertezas e, quem sabe, sugerir um olhar mais acolhedor, que possa suavizar as tensões dessa fase tão intensa e, ao mesmo tempo, repleta de possibilidades.

Capítulo **II**

O Corpo em Transformação

"O que você vai ser quando crescer? Perguntam, sem perceber que já sou. Estou apenas me moldando, como a borboleta em seu casulo, aguardando o momento certo de abrir as asas e voar."

Gabriela Hostalácio

"Evito olhar no espelho. O que vejo já não parece ser eu. Tudo está mudando rápido demais, e me sinto sozinho, com medo. Esses pêlos, essas novas formas me deixam confuso, como se eu não reconhecesse mais meu próprio corpo. Continuo passando sem encarar o reflexo, com receio de descobrir o que pode ter mudado agora."

A adolescência, marcada por intensas transformações físicas e emocionais, é uma fase em que corpo e mente entram em um processo acelerado de mudanças. Durante a infância, o corpo seguia um ritmo constante e previsível, mas, com a chegada da puberdade, ele se transforma de maneira rápida e intensa, trazendo novas sensações, desafios e a necessidade de adaptação. O corpo, que até então era familiar, passa a ser fonte de experiências inéditas, tornando o adolescente vulnerável a novas formas de se ver e ser visto. Com a puberdade, os hormônios assumem um papel central nessas transformações. Nos meninos, a testosterona estimula o aumento dos testículos e do pênis, o crescimento de pelos pubianos, faciais e corporais, o engrossamento da voz e o aumento da massa muscular. Nas meninas, os hormônios estrogênio e progesterona desencadeiam o desenvolvimento dos seios, o início da menstruação e o crescimento de pelos nas axilas e região pubiana. Além disso, ambos os sexos experimentam o *"estirão de crescimento",* ou seja, vivenciam um rápido aumento de altura e peso, o que torna essa fase ainda mais imprevisível e desafiadora.

Essas mudanças, embora naturais, são muitas vezes difíceis de aceitar. O adolescente precisa lidar com o luto pelo corpo infantil, aquele corpo que antes oferecia segurança e conforto, agora é um corpo estranho. Diante de um corpo em constante transformação, ele enfrenta a difícil tarefa de se adaptar a uma nova imagem corporal que pode não corresponder às suas expectativas ou aos padrões sociais. Esse processo gera sentimentos de estranheza, rejeição e insegurança. O desconforto com essas mudanças é comum, e o adolescente frequentemente busca aceitação em seu grupo social, na esperança de validar sua nova identidade em formação.

Além dessas mudanças físicas, a sexualidade, que até então estava em uma fase latente, passa a ocupar um lugar central na vida do adolescente. Durante a infância, os impulsos sexuais eram reprimidos ou desviados para outras áreas do desenvolvimento. Porém, com a chegada da puberdade, essa repressão diminui e os impulsos sexuais emergem com força. A psicanálise descreve esse momento como um *"despertar"* sexual, no qual o adolescente começa a perceber seu corpo de maneira diferente – um corpo que agora é fonte de desejo, atração, mas também de julgamento e avaliação, tanto pelos outros quanto por si mesmo. Esse retorno das pulsões sexuais pode ser confuso e conflituoso. O adolescente pode sentir vergonha ou desconforto com as novas sensações e mudanças em seu corpo, mas também é movido pela curiosidade e pelo desejo de explorar esses aspectos emergentes de sua identidade. A psicanálise destaca que essa fase de reapropriação do corpo sexualizado é mais um dos desafios da adolescência, pois o jovem precisa aprender a integrar essas novas dimensões de sua identidade sexual sem entregar-se às pressões sociais, culturais e familiares.

Toda essa descoberta e adaptação não é simples. O adolescente é constantemente desafiado a equilibrar seus desejos emergentes com as expectativas sociais e as consequências de suas ações. A tensão entre o desejo de prazer imediato e a necessidade de controle e regulação dos impulsos pode gerar angústia e confusão. Muitas vezes, essa luta interna pode ser sentida como uma perda de controle sobre o próprio corpo e emoções, já que o adolescente ainda está aprendendo a navegar por essas novas experiências.

A forma como o adolescente lida com esse despertar sexual tem um impacto profundo em sua autoestima e na maneira como ele se relaciona consigo mesmo e com os outros. A dificuldade em conciliar as mudanças corporais e os impulsos sexuais com as normas sociais pode gerar sentimentos de culpa e vergonha. Por outro lado, uma exploração saudável e consciente da sexualidade pode fortalecer sua autoestima e autopercepção, ajudando o jovem a se sentir mais confortável com quem está se tornando.

Para que o adolescente desenvolva uma relação saudável com sua sexualidade, é essencial uma comunicação aberta e honesta. O apoio dos pais e educadores, junto à criação de espaços onde o adolescente possa expressar suas dúvidas e angústias, sem medo de julgamento, é fundamental para que essa transição seja feita de maneira mais leve e saudável. A sexualidade, que agora ocupa um lugar central, pode ser tanto uma fonte de poder quanto de vulnerabilidade. O adolescente precisa aprender a lidar com essas novas sensações e emoções, e a forma como ele integra esses aspectos de sua identidade terá um impacto duradouro nas relações que construirá no futuro.

A Importância da Comunicação Aberta Sobre a Sexualidade

Uma das grandes dificuldades enfrentadas pelos adolescentes é a falta de clareza e diálogo sobre as mudanças que estão vivendo, especialmente no que diz respeito à sexualidade. Muitos pais e educadores hesitam em abordar o tema, temendo que isso possa sexualizar precocemente os jovens. Entretanto, falar sobre sexualidade não é o mesmo que incentivar comportamentos prematuros; trata-se de um ato de educação e conscientização. Uma orientação adequada dá ao adolescente o conhecimento necessário para compreender seu corpo, emoções e escolhas, auxiliando-o a lidar de maneira saudável com as transformações naturais dessa fase.

Diferenciar educação sexual de sexualização é essencial para desmistificar preconceitos e promover uma compreensão responsável sobre o desenvolvimento saudável de crianças e adolescentes. A sexualização precoce se manifesta muitas vezes nos conteúdos que os jovens consomem nas redes sociais, ou até mesmo em filmes ou séries que os adultos assistem enquanto as crianças estão por perto, esquecendo que elas absorvem tudo o que está ao seu alcance. Também está presente em brincadeiras como *"esse será pegador"* ou *"namoradinho da mamãe"*, além de comportamentos que *"adultalizam"* a criança, como o uso precoce de maquiagem ou esmalte e, até mesmo, em comentários de teor sexual, como piadas sobre *"já já ele pega todas as meninas"* ou *"ela vai arrasar os corações dos garotos"*. Por outro lado, a educação sexual visa oferecer informações adequadas para cada fase do desenvolvimento, ajudando o jovem a ter uma relação saudável com seu corpo e a entender e respeitar os limites próprios e dos outros.

A educação sexual pode – e deve – ser conduzida gradualmente, começando desde a infância e adaptando-se ao nível de maturidade de cada fase. Nas primeiras idades, o foco é ensinar sobre a autonomia do corpo e privacidade. Explicar o nome das partes do corpo de maneira direta e respeitosa permite que a criança estabeleça uma relação natural com a própria anatomia, fortalecendo desde cedo a autoestima e a confiança. Esse conhecimento inicial prepara a criança para compreender seus limites e respeitar os dos outros, além de estabelecer uma base para conversas mais profundas no futuro.

Ao se aproximar da puberdade, a educação sexual se expande para abordar as mudanças físicas que logo ocorrerão: desenvolvimento dos caracteres sexuais, menstruação, produção hormonal, entre outros processos naturais. Quando esses tópicos são introduzidos de forma clara e antecipada, o adolescente se sente mais seguro e menos ansioso em relação às transformações que irão ocorrer, desenvolvendo uma percepção saudável sobre o próprio corpo. Além disso, esse preparo ajuda a criar um espaço de confiança para que o jovem possa buscar apoio e informações em fontes adequadas, como seus pais e educadores, em vez de recorrer a fontes externas e, muitas vezes, inadequadas.

Durante a adolescência, a abordagem se aprofunda para incluir não apenas aspectos biológicos, mas também temas como consentimento, respeito, autocuidado e responsabilidade nas relações. A psicanálise nos mostra que a sexualidade é uma dimensão fundamental do desenvolvimento humano, e a adolescência é o momento em que esse aspecto emerge de forma evidente, influenciando a percepção que o jovem tem de si mesmo e das suas relações. Evitar o tema priva o adolescente de entender e integrar esses sentimentos de maneira saudável, tornando-o vulnerável a influências e informações distorcidas. Um diálogo aberto e honesto, sem tabus, ajuda-o a perceber que as mudanças que está vivenciando são normais e dignas de compreensão.

A educação sexual vai além da anatomia ou da reprodução; é um processo formativo que envolve ensinar sobre limites, respeito e valores nas relações. Essa abordagem completa ajuda o adolescente a construir uma visão crítica e equilibrada da sexualidade, protegendo-o de pressões e estereótipos propagados pela mídia e pelas redes sociais, onde o respeito ao limite e à empatia nem sempre são valorizados. Portanto, a educação sexual é parte fundamental da formação integral do adolescente, permitindo que ele integre a sexualidade de forma equilibrada ao desenvolvimento emocional e ético. Ao compreender e respeitar suas próprias escolhas, o jovem pode construir uma perspectiva de vida onde o respeito mútuo e a responsabilidade são os pilares de suas relações e de seu bem-estar.

A Necessidade de Simbolizar a Passagem

A adolescência, sendo uma fase de transição entre a infância e a vida adulta, precisa ser reconhecida e simbolizada de alguma forma. Ao longo da história, muitas sociedades marcaram essa transição com rituais de passagem, que serviam para reconhecer publicamente a mudança de fase, oferecendo ao jovem a sensação de pertencimento e acolhimento em sua nova identidade. Contudo, na nossa sociedade contemporânea, esses rituais foram em grande parte esquecidos, deixando o adolescente sem um marco simbólico que o ajude a integrar essas transformações. Uma das maiores buscas do adolescente é a compreensão de que *"são alguém"*, que existem e são singulares, porém pertencentes à cultura e à sociedade.

A psicanálise reconhece a importância dos ciclos de vida e dos rituais de passagem como momentos essenciais para a estruturação psíquica do indivíduo. Cada fase traz mudanças inevitáveis, exigindo uma reconfiguração interna para que o sujeito lide com novos desafios, perdas e aquisições de forma saudável. Na teoria de Erikson, os rituais de passagem são especialmente importantes porque representam marcos que consolidam essas transições. Na adolescência, por exemplo, fase marcada pelo conflito entre identidade e confusão de papéis, rituais como formaturas ou cerimônias de maioridade sinalizam essa mudança, ajudando o adolescente a afirmar sua identidade e a se preparar para o próximo estágio. Esses rituais promovem uma integração interna, ao confrontar o jovem com novas responsabilidades e expectativas sociais, facilitando a formação de uma identidade mais coesa.

Assim, estabelecer rituais de passagem auxilia o adolescente a simbolizar e aceitar sua transição para uma nova fase da vida, esses rituais não precisam seguir tradições antigas, mas podem ser adaptados à realidade e aos valores da família ou comunidade, ajudando o jovem a marcar o momento em que deixa para trás a infância, ao mesmo tempo em que celebra o início de uma nova fase repleta de descobertas e responsabilidades.

Sugestões de Rituais de Passagem

1. **Doação de brinquedos e objetos da infância**: Ao doar itens que tiveram importância em sua infância, o jovem experimenta o processo de deixar algo para trás, mas com um propósito que transcende o ato de desapego – ele passa a contribuir para a felicidade de outra criança. Essa prática não apenas estimula a empatia, mas permite que o adolescente integre de forma positiva emoções ambivalentes, como a saudade do passado e a alegria pelo futuro que está por vir. Nesse processo, é interessante que os pais estejam ao lado, oferecendo apoio e incentivo. Eles podem também sugerir ao adolescente que guarde um ou outro objeto ou brinquedo que representa especialmente sua infância. Esse gesto ajuda a preservar as boas lembranças e a construir um marco simbólico de uma fase que, embora fique para trás, continuará presente de maneira afetiva e significativa em sua jornada.

2. **Transformação do quarto**: O quarto é um espaço íntimo que reflete a identidade do adolescente e suas transformações. Realizar uma mudança significativa nesse ambiente pode simbolizar a transição para uma fase de maior autonomia e autoexpressão. Ajudar o jovem a redecorar o quarto, escolher novas cores ou móveis, ou até reorganizar os espaços, é uma forma de reforçar a ideia de que ele está assumindo maior controle sobre sua vida e escolhas. Esse processo também pode ser uma oportunidade para que o adolescente explore seu estilo pessoal, expressando-se de maneira única e sentindo-se acolhido em um ambiente que espelha sua individualidade e crescimento.

3. **Mudança no estilo pessoal**: O estilo de se vestir é uma das formas mais visíveis de expressão na adolescência. Dar liberdade ao jovem para escolher suas roupas e explorar diferentes estilos representa mais do que apenas uma preferência estética; é um marco simbólico que reforça sua independência e seu caminho em busca de autoafirmação. Essa escolha permite que o adolescente experimente, teste limites e descubra o que reflete melhor sua

identidade em transformação, criando um espaço de autonomia onde ele sente-se respeitado e validado em suas escolhas.

4. **Celebração de conquistas pessoais:** Criar momentos para celebrar conquistas e desafios enfrentados pelo adolescente também pode ser um ritual significativo. Isso pode incluir a celebração de uma transição escolar, a conclusão de um projeto ou o aprendizado de uma nova habilidade. Essas celebrações ajudam o jovem a sentir que suas experiências são valiosas e reconhecidas.

5. **Atribuição de maiores responsabilidades:** Durante a adolescência, em meio ao conflito entre dependência e independência, os pais podem promover a autonomia ao incentivar responsabilidades adequadas à maturidade do jovem. Tarefas como lavar a própria roupa, preparar o jantar ou administrar uma mesada ensinam o adolescente a lidar com obrigações do mundo adulto de forma prática e consciente. Ao assumir pequenas responsabilidades financeiras, como gerenciar saídas ou compras pessoais, ele aprende sobre controle e planejamento, preparando-se para o futuro.

Os rituais de passagem são oportunidades para pais e educadores reconhecerem e validarem as experiências do adolescente. Ao propor esses rituais, os adultos transmitem a mensagem de que as mudanças são uma parte natural e importante da vida, e que o jovem tem o apoio necessário para navegar por essa fase. Ao trazer significado para as transformações que o adolescente está vivenciando, esses rituais ajudam a reduzir a ansiedade e a insegurança, facilitando a aceitação do novo corpo, da nova identidade e da nova relação com o mundo. Para que esses rituais tenham impacto, é essencial que sejam realizados em um clima de acolhimento e respeito.

Mesmo conhecendo as mudanças corporais que os adolescentes enfrentam, muitas vezes nos esquecemos de quão desafiador é para eles habitar um corpo em constante transformação. Passar por essas alterações, especialmente quando associadas a dificuldades de comunicação ou a dúvidas sobre a sexualidade, pode intensificar a angústia e o desconforto nesse período. Ao olhar para nossos filhos e reconhecer essas mudanças, podemos oferecer um pouco mais de segurança, permitindo que eles enfrentem as transições e despedidas dessa fase com maior consciência e leveza.

Capítulo **III**

As Emoções

*"Você não precisa gritar com sua dor.
Deixe que ela respire em silêncio."*

Rupi Kaur

"Esses dias, perdi o controle e gritei na mesa. Sai, bati a porta do quarto com força, porque não adiantaria tentar explicar – ninguém entenderia de verdade. Parece que as palavras não conseguem expressar o que sinto. Então, prefiro me isolar, fechar a porta e colocar uma música tão alta que me impeça de ouvir o caos que está aqui dentro. Às vezes, o barulho de fora é a única coisa que silencia o que está me sufocando por dentro."

Na adolescência, as emoções se apresentam de maneira intensa, crua, sem o filtro e sem reflexão. Esse período é marcado por um turbilhão de sentimentos e impulsos que, muitas vezes, o adolescente não consegue compreender ou expressar de forma clara. A psicanálise afirma que, nessa fase, o jovem se vê diante de uma verdadeira tempestade psíquica – desejos, angústias e frustrações surgem com força, mas ele ainda carece das ferramentas psíquicas para elaborar e simbolizar essas experiências de maneira mais clara e consciente.

Durante a infância, as emoções são vividas de forma imediata, sob o princípio do prazer, sem grandes exigências de elaboração. Na adolescência, no entanto, o jovem é confrontado com o princípio da realidade, lidando com frustrações e exigências do mundo externo. Esse processo, associado às mudanças físicas, hormonais e sociais, gera uma reorganização psíquica que descompassa as emoções, tornando-as intensas e difíceis de serem nomeadas ou compreendidas.

Nesse momento, o adolescente recorre às *representações primárias*, formas de comunicação emocional anteriores à palavra. Sem ainda possuir a capacidade plena de transformar suas emoções em símbolos – palavras, imagens ou pensamentos –, ele encontra no corpo, no comportamento e na ação as vias para expressar o que sente. É como se o movimento físico, ou a externalização por meio de gestos concretos, ajudasse a dar uma espécie de confirmação interna àquilo que ele vive emocionalmente. Gritos, isolamento, lágrimas ou explosões de raiva são manifestações dessa dificuldade em simbolizar e elaborar suas emoções. O corpo, então, assume o papel de mediador, expressando o que a mente ainda não consegue processar ou nomear.

Esses comportamentos impulsivos, conhecidos na psicanálise como *acting out*, representam uma tentativa de o adolescente lidar com o caos emocional que não pode ser elaborado internamente. Quando explode em raiva, desafia regras ou se isola, ele está buscando, ainda que de forma confusa, dar forma ao que vive por dentro, mas não tem ainda os recursos psíquicos para transformar essas emoções em algo pensável e verbalizável, ou seja, mais concreto e menos abstrato.

Como se expressam as representações primárias?

- **Explosões de raiva**: Incapaz de verbalizar o que sente, o adolescente pode expressar sua frustração com gritos, discussões ou até confrontos físicos.

- **Ações impulsivas**: Fugir de casa, quebrar regras ou adotar comportamentos de risco são tentativas de descarregar tensões internas que ele não consegue processar simbolicamente.
- **Manifestações corporais**: Emoções como angústia e ansiedade se manifestam no corpo. Dores de cabeça, estômago ou inquietações físicas expressam tensões emocionais reprimidas.
- **Isolamento e silêncio**: Alguns adolescentes optam pelo isolamento ou pelo silêncio quando se sentem sobrecarregados, refletindo a dificuldade de lidar com a intensidade emocional interna.

Quando a Representação se Torna Perigosa: a Automutilação na Adolescência (*Cutting*)

A representação através do corpo é uma prática comum na adolescência, momento em que o jovem busca explorar seus limites e expressar emoções muitas vezes difíceis de verbalizar. Entretanto, é crucial que pais, educadores e cuidadores estejam atentos para perceber quando esses comportamentos ultrapassam o limite do aceitável e começam a colocar a saúde física e emocional dos adolescentes em risco. Situações como a automutilação, ou *"cutting"*, e outras práticas autolesivas podem emergir como tentativas de lidar com a angústia ou de validar experiências emocionais intensas.

A automutilação na adolescência não é um simples desabafo, é perigosa e precisa ser reconhecida, é uma tentativa de concretizar uma dor emocional que o adolescente sente como insuportável, difusa e difícil de expressar. Para muitos, o ato de se cortar, morder-se ou provocar pequenas lesões é uma forma de tornar a dor invisível algo visível e concreto, materializando um sofrimento emocional que, para eles, parece mais suportável quando externalizado fisicamente. Em vez de palavras, o corpo se torna a via de expressão, como se as feridas externas validassem as dores internas.

Os motivos que levam à automutilação são complexos e multifatoriais, frequentemente ligados a sentimentos de desvalorização, abandono, solidão, baixa autoestima e falta de pertencimento. Em muitos casos, o adolescente sente que suas experiências emocionais não são compreendidas ou reconhecidas, o que o leva a buscar na dor física uma forma de legitimar o que sente. A cicatriz torna-se um símbolo visível de sua dor, uma marca que confirma para ele a existência e a intensidade de seu sofrimento. A dor física oferece um alívio temporário e, para alguns, é mais gerenciável do que o vazio emocional. Em outros casos, os adolescentes se sentem tão perdidos que recorrem à automutilação como uma validação de controle sobre si mesmos, como se o corpo fosse o único espaço onde podem exercer poder e autonomia. Esse ato pode oferecer a sensação de retomar o controle diante de um cenário interno e externo que lhes parece insuportável ou avassalador.

Além disso, sentimentos de culpa e vergonha podem estar relacionados com essa prática. O adolescente pode sentir culpa ao explorar seus próprios desejos, principalmente se esses desejos colidem com as expectativas parentais ou sociais. Assim, a automutilação aparece como uma maneira de *"punir"* a si mesmo, aliviando a culpa através da dor física. De forma semelhante, sentimentos de baixa autoestima e uma sensação de inadequação podem levar o adolescente a se ferir, acreditando inconscientemente que não merece um cuidado melhor.

Além dos cortes, a automutilação pode envolver comportamentos como morder os lábios ou arrancar a pele ao redor das unhas – atos aparentemente pequenos, mas que refletem a tentativa do adolescente de drenar a tensão emocional acumulada. Com o tempo, esses pequenos atos se tornam rituais, perpetuando um ciclo de autolesão que pode evoluir para comportamentos ainda mais graves, a continuidade desses comportamentos representa um risco significativo à saúde. Não apenas deixam marcas físicas, mas podem progredir para tentativas mais graves de lesão e até suicídio, especialmente quando o jovem sente que precisa de alívios cada vez mais intensos para lidar com sua angústia.

No ambiente escolar, esse fenômeno pode ocorrer em grupo, como uma expressão coletiva de angústia, onde adolescentes, em busca de sensações extremas ou validação mútua, envolvem-se em comportamentos perigosos. Em algumas escolas, práticas como segurar a respiração até o desmaio, cortes com objetos pontiagudos e até brigas físicas disfarçadas de *"brincadeiras"* têm se tornado preocupantes. Esses atos, praticados em intervalos ou áreas menos supervisionadas, reforçam a necessidade de uma presença atenta e de uma intervenção educativa por parte das instituições. A escola tem o papel não apenas de coibir esses comportamentos, mas de oferecer espaços de diálogo sobre os riscos e as consequências dessas ações.

Cada caso precisa ser analisado de forma singular, e é fundamental que pais e educadores entendam que essa prática não é incomum e não é realizada de forma racional. O que está em jogo são emoções inconscientes, confusas e intensas, que se manifestam no corpo como um pedido de ajuda que palavras ainda não conseguem traduzir. Observar esses comportamentos é um alerta de que o adolescente está buscando uma maneira de validar seu sofrimento, tentando lidar com sentimentos complexos para os quais ainda não desenvolveu uma forma adequada de expressão. A ideia de André Green, psicanalista francês, sobre o *"terceiro mediador"* propõe que figuras de apoio, como professores e colegas empáticos, atuam como espaços de escuta e acolhimento. Esses mediadores oferecem ao jovem uma via de reconhecimento e compreensão, onde ele se sente valorizado e legitimado em suas emoções. Esse tipo de espaço pode ajudar o adolescente a desenvolver formas mais saudáveis de expressar suas angústias, impedindo que o corpo se torne a única saída para descarregar o sofrimento. Sem essa mediação, comportamentos autolesivos podem se consolidar como substitutos da fala e dos vínculos afetivos, tornando-se respostas automáticas e solitárias para o alívio do sofrimento.

Quando a Dor se Torna Agressão: *Bullying* na Adolescência

Como vimos, na adolescência, o terreno emocional é vasto, mas nem sempre acessível, os sentimentos se intensificam, mas as ferramentas para nomeá-los e compreendê-los ainda estão em construção. Nesse cenário, muitos adolescentes encontram, no ato de machucar o outro, uma forma de expressar suas próprias dores – uma ação que substitui o processo interno de elaboração. O *bullying*, assim, se torna uma linguagem inconsciente e primitiva, onde sentimentos não nomeados ganham forma e impacto imediato.

A palavra vem do inglês *bully*, que significa *"valentão"*, *"brigão"*. O bullying é uma situação caracterizada por episódios de agressões intencionais, podendo ser verbais ou físicas, feitas por um ou mais indivíduos contra um par *"alvo"*, essa prática não existe em formato hierárquico, por exemplo, um professor não sofre bullying dos alunos. Pode se manifestar de forma explícita, com ataques diretos e verbais, ou de maneira velada, através de fofocas, boatos, olhares de desprezo e exclusão. Nessas formas mais sutis, o motivo da rejeição raramente é esclarecido, deixando a vítima em um isolamento permeado por culpa e vergonha. Muitas vezes, a vítima passa a acreditar ser o problema, sem entender a razão exata do que está enfrentando, o que agrava o impacto emocional. Essa forma de violência pode ter motivações racistas, econômicas, religiosas e outras, resultando em transtornos de ansiedade, depressão e sintomas psicossomáticos na vítima. Em casos extremos, como os noticiados pela mídia, o bullying pode levar ao suicídio.

É importante diferenciar o bullying de outras práticas de violência pontuais. Durante a adolescência, é comum o surgimento de brigas e a formação de grupos com características de gangues, pois há uma maior necessidade de confronto. Para muitos jovens, o confronto representa uma fonte de excitação e de descarga de neurotransmissores, que alivia tensões e gera uma sensação de pertencimento e identidade. Nesse contato, o adolescente experimenta e define os limites entre o próprio corpo e o corpo do outro, aprendendo a estabelecer fronteiras entre o eu e o outro. Esse processo de delimitação é natural e contribui para o desenvolvimento da identidade. Para identificar se um tipo de violência se configura como bullying, é necessário observar quatro características principais:

1. **Intenção do autor**: Existe uma intenção clara de ferir (seja verbal ou fisicamente) um determinado alvo. Essa intenção vai além de um desentendimento ou provocação pontual, sendo uma tentativa de subjugar ou humilhar.

2. **Repetição da agressão**: O bullying não é um evento único, mas um comportamento insistente e persistente, praticado por um indivíduo ou grupo contra a mesma pessoa. A repetição e a frequência das agressões tornam o impacto emocional e psicológico mais profundo e prolongado.

3. **Presença de público espectador**: A continuidade do bullying é frequentemente alimentada pela presença de espectadores, pois o agressor encontra nesses olhares uma fonte de validação que o faz sentir-se mais popular, forte ou poderoso. Com o advento das redes sociais, o bullying ganhou uma nova dimensão: o *cyberbullying*, onde, sem a vigilância que ocorre nos espaços físicos, conteúdos violentos podem ser rapidamente disseminados e alcançam um público amplo em questão de minutos. A exposição intensa e rápida nesses ambientes digitais amplia o sofrimento da vítima, além de tornar o assédio praticamente inescapável.

4. **Concordância da vítima com a violência**: Esse aspecto é delicado, pois, apesar do sofrimento que a vítima experimenta, muitas vezes ela acaba por desenvolver uma aceitação ou conivência com a situação. Isso pode ocorrer devido a uma dinâmica de opressão, onde a vítima sente-se sem alternativas. Vale destacar que essa *"concordância"* não implica, de forma alguma, que a vítima seja responsável pelo bullying, mas indica a complexidade emocional da situação. Pais e cuidadores devem estar atentos a jovens que reprimem seus sentimentos, apresentam baixa autoestima ou são extremamente passivos, pois esses fatores podem tornar um adolescente um alvo de bullying.

Atualmente essa é uma das formas de violência que mais cresce no mundo e que não acontece somente em ambiente escolar. Pode também estar presente na vizinhança, no trabalho, na família, começando muitas vezes de forma *"sutil"* como um simples apelido e tomando proporções maiores como agressões físicas. Para a psicanálise, o bullying pode ser compreendido como uma expressão de projeção, onde o agressor deposita no outro aspectos dolorosos de si mesmo. Essa projeção transforma o outro em um *"espelho"* de suas próprias dores e permite que ele se afaste momentaneamente do que lhe é doloroso de encarar diretamente. Esse mecanismo de projeção, segundo Lacan, é uma maneira inconsciente de aliviar o desconforto, permitindo que ele se distancie temporariamente das partes de si que são difíceis de aceitar ou compreender, criando por meio da violência uma distância simbólica de sentimentos indigestos. Ao encontrar outros jovens dispostos a participar desses atos, o adolescente se sente validado em suas emoções desorganizadas. No grupo, a agressão torna-se uma forma compartilhada de expressão, e o ato de ferir o outro se transforma em uma dança de sentimentos projetados. A dor é temporariamente externalizada, oferecendo um alívio imediato, mas deixando marcas profundas em todos os envolvidos.

Adolescentes que enfrentam bullying frequentemente apresentam queda no rendimento escolar ou no trabalho, e uma das reações mais comuns é o isolamento, muitas vezes até dentro do próprio lar. Essa busca pelo isolamento surge como uma tentativa de proteção contra o ambiente externo, mas acaba reforçando sentimentos de inadequação e solidão, intensificando o impacto emocional e psicológico do bullying.

Entender o bullying como uma expressão emocional ainda imatura é essencial para intervir de forma eficaz. Ao invés de apenas punir, é preciso abrir espaço para que o adolescente aprenda a elaborar, dando voz ao que muitas vezes ele só consegue mostrar através da agressão. A escola e, especialmente, o professor, desempenham um papel essencial tanto na prevenção quanto na intervenção do bullying. É fundamental que todo o corpo docente esteja atento a sinais de violência, atuando de forma rápida e articulada com a coordenação pedagógica e as famílias. Uma intervenção eficaz na escola é a criação de espaços onde o jovem possa explorar e compreender suas emoções, como rodas de conversa que incluam tanto o agressor quanto a vítima. É importante que todos compreendam que o adolescente que pratica bullying também está em busca de validação ou lida com sentimentos de exclusão e solidão. Abrir esses espaços de escuta pode ajudá-lo a simbolizar suas emoções e a compreender que a agressão não é uma forma saudável de expressão. Para o jovem que sofre bullying, essas rodas de conversa funcionam como um espaço de apoio e ressignificação da experiência, permitindo que ele deixe de ser um *"alvo"* passivo e se torne um participante ativo na construção de seu ambiente social.

Dentro das famílias, os pais podem abordar a situação conversando de forma empática sobre as amizades, frustrações e inseguranças do adolescente que pratica bullying, buscando entender e oferecer apoio em vez de apenas condenar. Esse tipo de diálogo pode ajudar o jovem a explorar outras formas de expressão e a encontrar caminhos mais construtivos para lidar com seus sentimentos. Para o adolescente que sofre bullying, os pais desempenham um papel fundamental ao validar suas experiências e ajudar a fortalecer sua autoestima. Incentivá-lo a desenvolver suas habilidades e cultivar um senso de autovalor contribui para que ele enfrente as adversidades com mais confiança. Além disso, orientá-lo a reconhecer que o bullying muitas vezes reflete o sofrimento interno do agressor pode ajudá-lo a ressignificar a experiência, promovendo resiliência e autoconsciência. Esse apoio emocional oferece uma base segura, onde o jovem se sente acolhido e mais preparado para enfrentar os desafios sociais.

Outra medida eficaz é envolver o adolescente em atividades de autoconhecimento, como escrita ou arte, que permitem a simbolização das emoções de maneira construtiva e menos destrutiva. Essas práticas oferecem um espaço seguro para que o jovem expresse o que sente, desenvolvendo habilidades de autoconsciência e processamento emocional.

Agir contra o bullying é uma responsabilidade coletiva, que contribui não apenas para o bem-estar individual dos dos jovens, mas também para a construção de uma sociedade mais respeitosa e consciente.

Confusão Emocional: A Ambivalência

Na adolescência, uma fase de intensas transformações emocionais, a ambivalência surge com força, deixando o jovem muitas vezes incerto sobre o que sente. Na psicanálise, a ambivalência refere-se à coexistência de sentimentos opostos, como amor e raiva, em relação a uma mesma pessoa ou situação. Freud introduziu esse conceito para explicar as emoções contraditórias, particularmente nas primeiras relações, como aquelas com os pais, onde frequentemente surgem conflitos entre o desejo de aproximação e de afastamento. Essa dualidade reflete o funcionamento das pulsões de vida e morte *(Eros e Tânatos)*, que coexistem e se manifestam de maneira complexa nas interações humanas. Segundo Freud, a capacidade de lidar com essa ambivalência ao longo da vida é essencial para o desenvolvimento emocional saudável.

Melanie Klein – uma das principais figuras da psicanálise, pioneira no estudo do desenvolvimento infantil – aprofundou o conceito de ambivalência ao investigar como as crianças lidam com sentimentos opostos em relação às figuras parentais. Ela introduziu o conceito de *"posição depressiva"*, um estágio em que a criança começa a integrar aspectos positivos e negativos de uma mesma pessoa, aceitando que figuras de amor também são capazes de frustrá-la. Klein explica: *"Na posição depressiva, o sujeito começa a perceber que o objeto amado e o objeto odiado são o mesmo, levando-o a integrar seus sentimentos ambivalentes."* Esse estágio é fundamental para o desenvolvimento psíquico, pois permite que o indivíduo construa uma visão mais complexa e realista das relações.

Donald Winnicott, pediatra e psicanalista britânico, complementa a discussão sobre ambivalência ao introduzir a ideia de "integração do self". Para ele, o processo de crescimento envolve a capacidade de tolerar sentimentos opostos sem idealizar ou demonizar figuras de apego. Winnicott acreditava que, quando o ambiente é *"suficientemente bom"* – ou seja, um ambiente que, embora não perfeito, atende de forma consistente às necessidades básicas da criança, oferecendo cuidado, proteção e afeto – permite que a criança se sinta segura para explorar o mundo e desenvolver sua identidade. Nesse ambiente, ela é capaz de integrar tanto seus aspectos contraditórios quanto os das pessoas ao seu redor, promovendo um amadurecimento emocional saudável.

Na adolescência, esses conflitos de amor e ódio, inicialmente experimentados na infância, são reativados com um novo grau de complexidade, o jovem começa a ter mais consciência de suas próprias contradições e das imperfeições dos pais. Esse processo pode gerar confusão, pois o adolescente muitas vezes não compreende plenamente esse sentimento ambivalente. Sem saber que amor e frustração podem coexistir, ele pode experimentar sentimentos de culpa ao sentir raiva de uma figura de apego, buscando alívio em comportamentos inadequados, como uma forma de lidar com essas emoções. Essa ambivalência emocional é ainda mais desafiadora em uma sociedade que idealiza relações *"perfeitas"* e sem conflitos. O jovem é muitas vezes incentivado a acreditar que o amor só existe em contextos positivos e livres de críticas. No entanto, o amadurecimento verdadeiro implica aceitar que relacionamentos saudáveis também envolvem frustrações. Compreender e integrar essa ambivalência permite ao jovem construir relações autênticas e duradouras, ao mesmo tempo em que fortalece sua capacidade de enfrentar os desafios da vida com maturidade e equilíbrio.

A complexidade das emoções, marcada por sentimentos ambivalentes, é especialmente intensa na adolescência, e saber reconhecer e lidar com esses sentimentos torna-se essencial. A educação emocional surge, então, como um alicerce para formar indivíduos resilientes, capazes de entender e gerenciar suas emoções de maneira construtiva. Embora falar sobre emoções possa parecer simples, muitas vezes esquecemos que nossas reações emocionais não são automáticas ou inatas; elas são, em grande parte, construídas socialmente, por exemplo, o conceito de *"saudade"* é específico de algumas culturas e nem todas as línguas possuem um equivalente. A educação emocional idealmente se inicia na infância, quando a estrutura emocional ainda está em formação, e se aprofunda na adolescência. Ao aprender a nomear e entender o que sente, o adolescente descobre que as relações implicam em conflitos e concessões, e que, ao gerenciar suas emoções, ele constrói vínculos mais saudáveis e duradouros. Além de facilitar essa compreensão, é fundamental ensinar formas práticas de lidar com as emoções: sentimentos como raiva e estresse, por exemplo, podem ser canalizados por meio de atividades físicas, enquanto a tristeza ou a alegria podem ser reconhecidas e expressas de maneiras que promovam o bem-estar e fortaleçam a saúde emocional.

Tristeza e Melancolia (Depressão)

Uma das emoções que mais aparece na adolescência é a tristeza. Esse sentimento muitas vezes surge como uma resposta natural às inúmeras mudanças e despedidas que esse período impõe. Contudo, essa tristeza, tão comum e necessária, é frequentemente confundida com melancolia (ou depressão). Para compreender melhor o que se passa no emocional do adolescente, é essencial distinguir esses dois sentimentos, que possuem conceitos e significados diferentes na psicanálise.

Freud descreve a melancolia como um estado de paralisia psíquica, onde o sujeito perde a capacidade de investir no mundo. Nesse estado, o desejo e o prazer são substituídos por um vazio profundo, uma sensação de que a vida emocional perdeu sua cor, tornando-se indiferente e sem sentido. Como dizia Freud, *"o ego está mergulhado em sombra"* – um estado em que o sujeito se afasta de sua própria vitalidade. Em contraste, Melanie Klein nos oferece a ideia de depressividade, associada à tristeza ativa, capaz de gerar movimento. Nesse estado, o luto e a frustração coexistem, mas o sujeito encontra sentido no que sente, refletindo sobre suas emoções e transformando o sofrimento em crescimento emocional. Para Klein, *"o luto pela perda é o que nos faz viver"*, indicando que o processo de aceitar e elaborar frustrações e dores é essencial ao amadurecimento.

Para aprofundar a compreensão da melancolia e da tristeza na adolescência, podemos integrar o conceito de *holding*, de Winnicott, que se refere ao ambiente emocional seguro oferecido pelos cuidadores. Embora originalmente aplicado à infância, esse conceito se amplia de maneira crucial durante a adolescência, uma fase em que a necessidade de segurança emocional e validação continua presente, especialmente diante de sentimentos como tristeza e confusão. Na adolescência, onde a oscilação emocional é intensa e os processos de luto e transformação psíquica estão presentes, o *holding* age como uma sustentação, ou seja, como uma base segura que permite que o jovem vivencie sua tristeza de maneira ativa, explorando e transformando esse sentimento em um processo de autoconhecimento. Assim, em vez de tratar a tristeza como algo que deva ser rapidamente superado, o ambiente acolhedor e a presença sensível dos pais e cuidadores ajudam o adolescente a elaborar o que sente, consolidando um amadurecimento psíquico duradouro e significativo.

No entanto, vivemos em uma cultura que sufoca a tristeza, a onda da positividade tóxica impõe barreiras ao desenvolvimento emocional ao transmitir a mensagem de que sentir tristeza ou insatisfação é um erro, algo a ser corrigido. A sociedade moderna promove uma expectativa de felicidade constante, criando um ideal inatingível que gera uma desconexão com as emoções reais. Sem espaço para expressar esses afetos, muitos adolescentes acabam reprimindo seus sofrimentos, bloqueando o processo natural de crescimento emocional, o que pode, em alguns casos, levar a uma depressão profunda.

Os pais, por sua vez, também são frequentemente engolidos por essa onda de positividade tóxica, muitas vezes sem recursos para lidar com os momentos mais intensos e sombrios que seus filhos vivenciam. Sentimos uma necessidade quase automática de querer aliviar o sofrimento do outro, como se fosse urgente fazer com que ele se sinta melhor rapidamente. No entanto, como ressaltou Winnicott, muitas vezes *"a cura está no cuidado, não na pressa"*. O que muitas vezes esse estado emocional nos pede é simplesmente acolhimento – a sensação de ser escutado e amparado. Negar ou suprimir nossas emoções mais difíceis nos fragmenta, como se vivêssemos apenas parte da nossa experiência emocional, deixando de lado o que nos torna inteiros. É na aceitação dessas emoções, na permissão para sentir tristeza, que reside a oportunidade de amadurecimento.

A Transição para a Simbolização

À medida que o adolescente avança no seu desenvolvimento psíquico, sua capacidade de simbolizar começa a se consolidar. Esse processo implica transformar essas emoções intensas e viscerais em pensamentos, palavras e imagens, dando forma ao que antes era vivido de maneira confusa e impulsiva. Esse trabalho psíquico é chamado de *elaboração* e permite que o jovem passe a refletir e a expressar suas emoções de maneira mais estruturada. Por exemplo, um adolescente que antes explodia em raiva pode, com o tempo, aprender a dizer: *"Estou frustrado porque sinto que não sou ouvido."* Essa capacidade de verbalizar as emoções, em vez de agir impulsivamente, reflete o avanço da capacidade de simbolização. Ao transformar a emoção bruta em palavras, o jovem começa a integrar suas experiências de forma mais equilibrada e consciente.

Mas como essa transição ocorre?
E qual o papel dos adultos nesse processo?

A mediação e o acolhimento por parte dos adultos – pais, educadores e cuidadores – são fundamentais para ajudar o adolescente a fazer essa transição do *acting out* para a simbolização. A seguir, algumas formas práticas de como isso pode ser feito:

- **Escuta ativa e empática**: Muitas vezes, o adolescente precisa ser ouvido, sem que suas emoções sejam invalidadas ou minimizadas. O adulto pode, em vez de corrigir ou criticar de imediato, acolher a expressão emocional do jovem com perguntas abertas: *"Quer me contar o que aconteceu?"* ou *"Como você se sentiu com isso?"* Isso ajuda o adolescente a refletir e a começar a nomear o que está sentindo. **Exemplo prático:** Quando o jovem chega frustrado da escola, antes de sugerir soluções, o adulto pode simplesmente ouvi-lo, oferecendo espaço para que ele organize suas emoções e identifique o que está sentindo.

- **Verbalizar as emoções de forma clara:** Os adultos podem ensinar, pelo exemplo, como falar sobre emoções de maneira saudável. Compartilhar seus próprios sentimentos pode ser uma forma de mostrar ao adolescente como é possível nomear o que se sente sem agir de forma impulsiva. **Exemplo prático:** Se o adulto estiver tendo um dia difícil, ele pode dizer algo como: *"Hoje me senti frustrado no trabalho, mas consegui resolver conversando."* Isso ajuda o adolescente a perceber que as emoções podem ser nomeadas e gerenciadas.

- **Incentivar a expressão criativa**: Atividades como arte, música ou escrita podem ser excelentes formas de elaboração emocional. Ao desenhar, tocar um instrumento ou escrever, o adolescente encontra um meio simbólico para dar forma ao que sente. **Exemplo prático:** Incentivar o adolescente a manter um diário, onde ele possa escrever sobre seus sentimentos, ou envolvê-lo em atividades artísticas, como pintura ou música, que permitam que ele canalize suas emoções de forma simbólica.
- **Atividade física**: Esportes e exercícios físicos também são formas eficazes de liberar a tensão emocional acumulada. A prática de esportes, além de promover o bem-estar físico, oferece uma oportunidade de extravasar emoções de maneira saudável. **Exemplo prático:** Propor uma caminhada ou incentivar o jovem a praticar esportes pode ajudar a aliviar tensões e proporcionar um espaço para refletir sobre suas emoções.
- **Acolhimento sem julgamento**: Criar um ambiente onde o adolescente se sinta seguro para expressar suas emoções sem medo de críticas é fundamental. Em vez de reagir com rigidez ou punição diante de comportamentos impulsivos, o adulto pode oferecer um espaço de acolhimento. **Exemplo prático:** Se o adolescente se isolar no quarto, o adulto pode bater à porta e dizer: *"Estou aqui para quando você quiser conversar."* Isso demonstra apoio sem pressão.

Não escolhemos nossas emoções, elas simplesmente surgem, nos tomam, e aprendemos culturalmente a nomeá-las, como uma tentativa, muitas vezes vã, de controlá-las. No entanto, podemos reconhecer o que sentimos e, a partir disso, escolher como agir. Na adolescência, abre-se um espaço crucial para adquirir essa ferramenta de autocompreensão: aprender a lidar com incertezas, tristezas, raiva, impulsos e ambivalências. Esse entendimento será transformador ao longo da vida, permitindo respostas mais conscientes e saudáveis diante das adversidades.

Capítulo IV

A Relação com os Pais

"Filhos são como o vento: não podemos guiá-los, não podemos prendê-los. Passam por nós, pertencem ao mundo, sua direção é movida pelo destino, possuem uma força invisível que os faz voar pelo tempo."

Gabriela Hostalácio

"Toda vez que ele fala pra eu jogar bola ou seguir essa profissão, parece que eu tô fazendo o que ele quer, e não o que eu quero. Eu nem gosto de jogar bola, e ser advogado? Nem passa pela minha cabeça. Mas meu pai acha que eu tenho que seguir o caminho dele, como se fosse a única opção. Acabo indo, faço as aulas, e até me inscrevi no vestibular... mas no fundo, não sei se tenho outra escolha, acho que eu tenho saudade mesmo é de brincar."

Quando revisitamos nossa própria adolescência e nos reconectamos com as incertezas e desafios que a permeiam, podemos perceber o quanto essa fase é marcada por conflitos esperados e naturais. Porém, um dilema profundo persiste e muitas vezes passa despercebido: a pressão para que o adolescente trilhe um caminho já conhecido, aquele que os pais julgam *"seguro"* por ser semelhante ao que eles próprios seguiram. Esse desejo, ainda que bem-intencionado, contrasta diretamente com a necessidade do adolescente de descobrir sua própria identidade e construir o próprio futuro.

Esse embate entre seguir um modelo familiar e traçar algo novo acrescenta complexidade ao amadurecimento, ao se verem entre as expectativas familiares e a busca por quem realmente são, muitos adolescentes carregam um peso que amplia suas angústias e incertezas. Nesses momentos, a experiência dos pais em lidar com suas próprias ansiedades e expectativas se torna essencial. Nas conversas com os pais, costumo reforçar a importância de que eles também estejam *"com sua terapia em dia"*, afinal, não apenas o adolescente passa por mudanças intensas; os pais também enfrentam suas ansiedades e frustrações, e compreender essas questões permite que o verdadeiro adolescente, com suas próprias ambições e desejos, possa surgir sem a pressão de corresponder a projeções familiares.

Muitos dos embates entre pais e filhos adolescentes fazem parte do processo de crescimento. Na visão psicanalítica, esses comportamentos desafiadores e intensos são esforços para descobrir a própria identidade. Ao testar limites e questionar normas, o adolescente não está rejeitando os pais, mas buscando uma forma de autonomia e expressão pessoal. Um exemplo sutil é o adolescente que, após uma discussão, bate a porta do quarto, este ato, mais do que uma atitude de *"fechar"* o acesso aos pais, reflete a tensão entre o desejo de ser compreendido e a frustração por não se sentir ouvido.

Do ponto de vista psicanalítico, é crucial que os pais evitem ver as manifestações emocionais dos adolescentes como gestos de desrespeito ou insubordinação. Quando o adolescente se recusa a seguir uma regra, ele geralmente está explorando a necessidade de desafiar a autoridade para entender limites e descobrir como se posicionar no mundo. Reagir de forma punitiva ou impulsiva pode transformar esses momentos em disputas de poder, gerando mais rivalidade, menos diálogo e intensificando o sofrimento. Em vez disso, uma abordagem que combine limites claros com escuta genuína ajuda os pais a interpretarem essas atitudes como expressões das necessidades emocionais do jovem.

Muitas vezes, as escolhas do adolescente diferem das expectativas dos pais, seja em relação ao estilo de roupa, às amizades ou aos interesses acadêmicos. Essas escolhas, que podem parecer provocativas, são na verdade expressões naturais de uma necessidade de diferenciação e busca por identidade. Quando os pais interpretam essas decisões como uma rejeição de seus próprios valores, acabam sobrecarregando o adolescente com expectativas e frustrações que não refletem seus desejos e planos pessoais, o que pode gerar distanciamento e ressentimento nessa fase tão crucial de desenvolvimento. Esse cenário se torna ainda mais complicado quando os pais projetam desejos não realizados no filho, como seguir uma determinada carreira ou adotar um estilo de vida específico. Muitas vezes, sem perceber, acabam privando o adolescente do direito de experimentar, explorar e até falhar. É como uma dança: o jovem se afasta e retorna, experimenta e erra, e os pais, em vez de impor um ritmo, precisam adaptar-se ao compasso do desenvolvimento emocional do filho. Com essa postura, é possível reduzir os conflitos e criar um espaço onde o adolescente pode crescer com confiança e suporte, e não em rivalidade e distanciamento. Assim, o jovem começa a desenvolver senso de responsabilidade e autocontrole, e a relação familiar se torna um espaço de apoio e crescimento, em vez de uma arena de disputas.

Os Modelos Parentais na Atualidade

Nos dias de hoje, muitos pais se veem diante de um dilema em relação à educação dos filhos: de um lado, há o modelo permissivo, que prega uma relação de amizade com os adolescentes; de outro, o modelo autoritário, onde os pais ditam regras e expectativas sem espaço para diálogo. Embora ambos os estilos tenham suas intenções positivas, eles podem acabar distanciando os pais da verdadeira necessidade do adolescente nessa fase: ser reconhecido como alguém em formação, com sua própria individualidade, mas que ainda precisa de estrutura, orientação e limites.

A educação permissiva, muitas vezes vendida como o ideal de pais *"amigos"*, busca evitar conflitos, criando um ambiente de liberdade e proximidade. No entanto, quando os pais se colocam apenas como amigos, sem exercerem um papel de autoridade e orientação, o adolescente pode se sentir desorientado. Ele ainda está aprendendo a lidar com o mundo e suas próprias emoções, e a ausência de limites claros pode gerar um profundo sentimento de desamparo.

Um exemplo prático de educação permissiva ocorre quando os pais, na tentativa de evitar conflitos, deixam de impor limites em situações essenciais. Imagine um adolescente que deseja ficar acordado até tarde todas as noites jogando videogame, mesmo tendo tarefas escolares no dia seguinte. Em vez de estabelecer uma rotina ou explicar a importância do descanso e do cumprimento das responsabilidades, os pais permitem que ele decida livremente seu horário de dormir, sem intervenções. Inicialmente, isso pode parecer uma forma de respeitar a autonomia do jovem, mas, com o tempo, a falta de orientação pode prejudicar seu desempenho escolar, aumentar a fadiga e gerar sentimentos de desorganização e confusão interna. O adolescente pode acabar se sentindo perdido, sem um modelo claro de responsabilidade e autocuidado. Sabemos que, nessa fase, o adolescente quer experimentar muitas coisas e, muitas vezes, pais que adotam esse modelo permissivo deixam que o adolescente escolha tudo. No entanto, esquecem-se de que o jovem ainda não possui uma maturidade plenamente estabelecida, o que pode levar a escolhas incompatíveis com sua capacidade de processá-las, tanto física quanto emocionalmente.

Essa ausência de limites, em vez de criar liberdade, muitas vezes resulta em uma sensação de insegurança, pois o adolescente precisa de estrutura e orientação para navegar nas suas escolhas. Sem uma figura de autoridade que equilibre liberdade com responsabilidade, o jovem pode acabar se sentindo emocionalmente desamparado, sem a bússola emocional e moral que os pais deveriam fornecer.

Por outro lado, o modelo autoritário, no qual os pais impõem seus próprios sonhos, desejos e expectativas sobre o adolescente, também pode causar grandes danos. O jovem, que está em busca de sua própria identidade e autonomia, pode sentir que seus desejos são sufocados ou desconsiderados. Imagine um adolescente que sempre demonstrou interesse por artes, mas cujos pais, desejando que ele siga outra carreira, insistem que estude medicina. Pressionado pela expectativa dos pais, o adolescente decide seguir o caminho traçado por eles, em vez de explorar suas próprias paixões. Embora se esforce para agradá-los, pode sentir-se internamente alienado, como se estivesse vivendo uma vida que não lhe pertence. Cada escolha parece distante de seus desejos, e, ao invés de se reconhecer nas decisões que toma, sente-se como um estranho em sua própria trajetória. Para evitar a desaprovação ou frustração dos pais, ele vai se distanciando de sua autenticidade, o que pode gerar frustração, baixa autoestima e, em alguns casos, crises emocionais. Essa abordagem ignora que o jovem é um sujeito em formação, com desejos próprios. Nesses casos, o olhar dos pais acaba gerando um sentimento de incompetência, e filhos de pais autoritários tendem a sentir-se inseguros e incapazes de fazer escolhas autônomas.

Pais autoritários precisam aprender a abrir mão do controle e aceitar que seus filhos não são extensões de si mesmos. Eles precisam enxergar que seus filhos têm desejos, sonhos e caminhos próprios a seguir, e que essa autonomia é um passo crucial para o amadurecimento. Por outro lado, os pais permissivos devem entender que ser amigo não substitui o papel de educador. O adolescente precisa de orientação, de alguém que estabeleça limites e que o ajude a diferenciar o certo do errado, o que é saudável do que pode ser prejudicial.

Um exemplo de um meio-termo saudável seria uma situação em que um adolescente deseja frequentar festas com amigos, mas os pais têm preocupações sobre segurança e responsabilidades. Ao invés de simplesmente proibir (como um pai autoritário faria) ou permitir sem questionamentos (como no estilo permissivo), os pais podem negociar com o filho. Eles podem estabelecer um acordo: o adolescente pode ir às festas, mas com o compromisso de manter horários, informar onde estará e garantir que seus estudos e responsabilidades não sejam prejudicados. Nesse processo, os pais oferecem a liberdade de escolha, mas com a estrutura de limites claros, ensinando ao adolescente sobre responsabilidade e confiança. Esse equilíbrio entre liberdade e limites permite que o adolescente exerça sua autonomia de forma responsável, enquanto os pais continuam a desempenhar seu papel de orientação e cuidado.

O equilíbrio, portanto, está em criar um espaço de acolhimento, onde o adolescente possa se sentir seguro para ser quem ele é, mas com a certeza de que há uma estrutura que o apoia e orienta. Não se trata de controlar suas escolhas, mas de estar presente para ouvir, orientar e, quando necessário, impor limites que o protejam. Pais e filhos, juntos, podem construir uma relação baseada na confiança e no respeito mútuo, onde o adolescente pode experimentar sua liberdade sem perder o referencial seguro que a presença dos pais oferece.

O Impacto das Mudanças Geracionais na Relação Pais e Filhos

A distância entre gerações é, sem dúvida, um fator que pode intensificar os conflitos na relação entre pais e filhos, especialmente durante a adolescência. Os pais cresceram em contextos sociais, econômicos e culturais diferentes, o que cria um abismo na compreensão mútua. Enquanto os adolescentes estão imersos em um mundo de rápidas transformações – novas ideologias, movimentos sociais e formas de enxergar a vida – muitos pais ainda trazem consigo valores e expectativas moldados em uma época em que estabilidade, segurança e caminhos tradicionais eram as principais metas de vida. Esse choque de perspectivas gera atritos, principalmente quando os pais buscam transmitir valores que não refletem mais a realidade dos jovens.

As mudanças nos valores sociais e nas formas de comunicação são apenas parte dessa divergência. Muitos pais foram educados em um tempo em que seguir uma trajetória previsível era prioridade: conseguir um emprego estável, adquirir uma casa própria e formar uma família eram objetivos centrais. Para os adolescentes de hoje, no entanto, o contexto é outro. Eles valorizam a flexibilidade e a liberdade de escolha e buscam significado profundo em suas experiências, especialmente em questões como carreira, relacionamentos e papéis na sociedade. Essa diferença de visão faz com que os jovens busquem percursos que, muitas vezes, parecem menos concretos e mais exploratórios, algo que pode incomodar pais que idealizavam uma trajetória tradicional para os filhos.

Outro exemplo significativo de choque geracional é a mudança na visão sobre a formação familiar. No passado, a construção de uma família nuclear era vista como um objetivo essencial e muitas vezes urgente. Atualmente, adolescentes e jovens adultos encontram-se em uma realidade mais fluida, onde a diversidade nas formas de relacionamento é mais aceita, o casamento é adiado ou até repensado, e muitos escolhem postergar a maternidade ou paternidade para priorizar o desenvolvimento pessoal e profissional. Temos também a questão das lutas sociais, enquanto a geração anterior buscava estabilidade financeira e patrimonial, muitos jovens de hoje estão focados em causas sociais e lutas por igualdade, como a questão dos direitos femininos e o combate à desigualdade salarial. A busca por justiça social e reconhecimento das diferenças pode parecer distante dos valores que seus pais aprenderam e valorizaram. Isso pode gerar incompreensão e resistência, mas também representa uma grande oportunidade para os pais de se abrirem, e assim aprender sobre a nova realidade dos filhos.

O impacto dessas mudanças geracionais não precisa ser uma barreira intransponível. Para que pais e filhos possam criar uma ponte entre suas realidades, é fundamental que os pais estejam dispostos a entender e até a viver essas transformações. Ao longo das últimas décadas, as mudanças sociais ocorriam de forma mais espaçada – talvez a cada geração ou década, hoje, as transformações são rápidas, com novas tendências surgindo quase que anualmente, o que demanda dos pais uma postura ativa de aprendizado e adaptação.

Uma forma prática de construir essa ponte é os pais se interessarem pelo que seus filhos estão vivenciando. Isso não significa adotar ou concordar com todas as ideias, mas se mostrar aberto para aprender e entender os novos valores e experiências que fazem parte da vida do adolescente. O diálogo é a chave para aproximar essas diferentes gerações. Por exemplo, imagine um adolescente que está profundamente envolvido em causas sociais ou ativismo, como preocupações ambientais ou debates sobre justiça social. Em vez de desvalorizar ou minimizar o envolvimento dele, os pais podem se interessar genuinamente, perguntando: *"O que te levou a se envolver com essa causa?"* ou *"Por que essa questão é tão importante para você?"*. Ao fazer isso, os pais criam uma oportunidade para o adolescente expressar suas ideias e sentimentos, mostrando que suas preocupações são legítimas e dignas de consideração.

Além do diálogo, os pais podem ter ações ativas nessas escolhas, imagine que o adolescente desenvolve um forte interesse por teatro ou artes visuais, áreas que não fazem parte da vida ou da experiência dos pais. Mesmo assim, os pais podem demonstrar apoio ajudando o jovem a encontrar aulas de teatro ou workshops de arte, levá-lo a exposições ou peças teatrais locais, e incentivá-lo a explorar esses interesses com mais profundidade. Esse tipo de envolvimento vai além da curiosidade; ele mostra que os pais estão dispostos a fazer um esforço real para ajudar o adolescente a expandir seus horizontes, mesmo em algo que não faz parte do cotidiano deles.

Mesmo que os pais não compartilhem as mesmas opiniões ou valores, essa abertura para o diálogo, para novas ações, criam um ambiente de respeito mútuo, onde o adolescente pode explorar suas ideias e, ao mesmo tempo, sentir o apoio dos pais. Quando os pais participam dessas conversas, o adolescente percebe que sua visão de mundo é valorizada, o que pode facilitar discussões sobre responsabilidades, limites ou possíveis desacordos de forma mais equilibrada e menos conflituosa.

A Dificuldade de Enxergar o Filho em Transformação

Durante a adolescência, um dos grandes desafios para os pais é aceitar que, apesar de o filho apresentar mudanças físicas que o fazem parecer mais adulto, ele ainda está em formação emocional e psíquica. O corpo adolescente, com traços mais maduros, cria a impressão de que ele é mais independente do que realmente é, o que pode levar os pais a adotarem uma postura moralizadora e exigente, gerando um descompasso com as necessidades reais do jovem. Esse contraste entre aparência e maturidade psíquica frequentemente causa confusão, levando os pais a desenvolverem expectativas desalinhadas com aquilo que o adolescente pode realmente suportar e compreender.

Essas expectativas estão muitas vezes enraizadas nas próprias experiências dos pais. Em gerações passadas, as cobranças e responsabilidades eram diferentes, e o jovem frequentemente assumia papéis e compromissos, incluindo contribuições financeiras para a família, ainda na adolescência. A sociedade funcionava de outra forma, e a pressão por amadurecimento precoce estava incorporada ao cotidiano. No entanto, o cenário atual é bem distinto. Hoje, os adolescentes enfrentam desafios que não existiam nas gerações passadas, como a constante exposição nas redes sociais, a competição escolar intensa e as altas expectativas de sucesso futuro, impostas desde cedo. Esse tipo de pressão pode sobrecarregar um jovem que ainda está desenvolvendo suas ferramentas emocionais e psíquicas para lidar com tantas exigências.

Compreender essa nova realidade é fundamental para que os pais enxerguem as dificuldades do adolescente contemporâneo de forma mais sensível. O corpo maduro do jovem pode sugerir independência, mas suas emoções ainda estão se ajustando a uma realidade que apresenta desafios inéditos. Quando os pais percebem que o adolescente enfrenta não apenas transformações corporais, mas também um conjunto de pressões sociais e emocionais distintas das que eles vivenciaram, podem oferecer um ambiente mais acolhedor e menos impositivo.

Ajustando essa visão, os pais se tornam mais conscientes de que, assim como uma criança pequena testa limites para entender o mundo, o adolescente também o faz, mas de maneira mais complexa e profunda. Comportamentos impulsivos, oscilações de humor e respostas bruscas são, muitas vezes, tentativas de expressar as incertezas e a confusão interna que ele ainda não sabe verbalizar. Ao reconhecer que a formação emocional e social do adolescente está em andamento e que ele precisa de orientação mais do que cobrança, a relação entre pais e filhos se fortalece. Os pais assumem um papel não apenas de autoridade, mas também de apoio, permitindo que o jovem explore suas próprias descobertas com segurança. Esse ajuste na perspectiva, considerando tanto o desenvolvimento físico quanto a imaturidade emocional e os novos desafios sociais, contribui para uma relação mais harmoniosa, onde o adolescente se sente compreendido e os pais encontram menos resistência e mais conexão.

Durante a adolescência, a relação entre pais e filhos passa por uma transformação significativa, onde ambos enfrentam uma redefinição de seus papéis. Para os pais, essa fase representa a oportunidade de fortalecer o vínculo de confiança e respeito que servirá de referência para os relacionamentos futuros do adolescente. Ao perceber a importância desse momento de transição, os pais podem construir, junto com o jovem, uma base sólida de apoio e compreensão, que o acompanhará ao longo de sua jornada de vida.

Capítulo V

Novas Relações, Novos Significados

*"E a gente vai à luta
E conhece a dor
Consideramos justa
Toda forma de amor"*
Lulu Santos

"Parece que meus pais prefeririam que eu desaparecesse ou que eu nunca tivesse nascido. Quando eles gritam que sou doente, que não mereciam isso, tudo por eu gostar do meu melhor amigo, por eu querer dar e receber amor... só porque ele é do mesmo sexo. O amor não deveria ser visto como um erro, não deveria ser proibido de nenhuma forma, em nenhuma circunstância."

A adolescência é um momento de intensas transformações e descobertas, não apenas na relação com os pais, mas, principalmente, nas conexões que começam a se formar fora do ambiente familiar. É nesta fase que os adolescentes experimentam suas primeiras amizades profundas, dividem vulnerabilidades e, muitas vezes, iniciam suas primeiras relações amorosas. Essas experiências, que vão além dos laços familiares, são fundamentais para o desenvolvimento da autonomia e da identidade, e refletem as mudanças profundas que a sociedade contemporânea vive em relação aos afetos, aos relacionamentos e à identidade de gênero.

Para muitos pais, o cenário atual das relações amorosas e de amizade pode parecer distante, quase irreconhecível. Em gerações passadas, as expectativas giravam em torno de modelos mais rígidos e tradicionais – como a monogamia e os relacionamentos heteronormativos. Hoje, no entanto, os adolescentes exploram uma variedade de configurações que desafiam essas convenções. As novas formações familiares, as relações plurais, homoafetivas, identidades de gênero fluidas e formas alternativas de amor, como os relacionamentos não-monogâmicos, fazem parte desse novo cenário. Este capítulo busca ser uma porta de conscientização para os pais, oferecendo uma oportunidade de compreender e se aproximar desse novo mundo no qual seus filhos estão imersos, com seus desafios, suas descobertas e novas formas de expressão afetiva.

As Novas Configurações Familiares: Famílias Monoparentais e Homoparentais

As novas configurações familiares, como as famílias monoparentais e homoparentais, refletem a diversidade e transformação dos laços afetivos contemporâneos, ampliando o conceito de família e promovendo uma visão inclusiva sobre o que significa formar um núcleo familiar. Em uma sociedade marcada pela pluralidade nas relações sociais e familiares, esses novos modelos desafiam antigas estruturas e abrem espaço para a compreensão de que uma família saudável e afetuosa depende mais das relações de cuidado e comprometimento do que de uma estrutura fixa.

Historicamente, a constituição familiar passou por grandes transformações. Na Antiguidade, a família funcionava como uma unidade de sobrevivência e trabalho, onde homens e mulheres assumiam papéis definidos: os homens cuidavam da caça e proteção, enquanto as mulheres se ocupavam do cultivo e dos cuidados com filhos e idosos. Com a sedentarização e o desenvolvimento da agricultura, os homens começaram a assumir o papel de proprietários, consolidando o paradigma de família como espaço de poder e autoridade. Com o tempo, entretanto, o modelo evoluiu para um espaço de afeto e liberdade, reconhecendo-se que a configuração familiar reflete as mudanças culturais e adapta-se a elas, tornando-se um espaço de expressão de afetividade em suas múltiplas formas.

Nas famílias monoparentais, compostas por um único cuidador, os desafios incluem a sobrecarga emocional e financeira, além da necessidade de equilibrar trabalho, vida pessoal e responsabilidades parentais. Apesar desses obstáculos, essas famílias revelam grande resiliência e força, com laços afetivos profundos que muitas vezes contam com redes de apoio ampliadas – familiares, amigos e comunidades – para criar um ambiente seguro e afetuoso para as crianças.

As famílias homoparentais, formadas por casais do mesmo sexo que criam filhos, também desconstroem a ideia de que apenas uma estrutura composta por pai e mãe seria ideal para o desenvolvimento emocional das crianças. Élisabeth Roudinesco, psicanalista, defende que o mais importante para a formação emocional não é o gênero ou a orientação sexual dos pais, mas sim a qualidade dos vínculos afetivos e a segurança emocional oferecida. Segundo Roudinesco, o desenvolvimento psíquico é sustentado por vínculos estáveis e amorosos, e as famílias homoparentais, ao contrário do que muitos pensam, oferecem um espaço de acolhimento centrado no afeto e no respeito, essenciais para o bem-estar das crianças.

Essas configurações familiares enfrentam, ainda, desafios específicos, como pressões sociais e questões legais, além de persistentes preconceitos. As famílias monoparentais frequentemente lidam com a sobrecarga de responsabilidades, enquanto as homoparentais ainda enfrentam obstáculos para obter reconhecimento legal completo. Apesar disso, essas configurações representam uma mudança cultural significativa, mostrando que os laços familiares são definidos pelo compromisso com o desenvolvimento emocional e afetivo dos seus membros, e não por estruturas rígidas.

No viés psicanalítico, autores como Philippe Ariès destacam que a qualidade da presença parental e a disponibilidade emocional são mais fundamentais para o desenvolvimento infantil do que o número de figuras parentais presentes. Da mesma forma, Donald Winnicott argumenta que uma base emocional segura e um cuidador emocionalmente disponível são essenciais para o desenvolvimento saudável da criança, permitindo que ela cresça com estabilidade e confiança. Para a psicanálise, função materna e função paterna vai para além do sexo biológico, pois a dinâmica não se restringe pelas diferenças físicas, mas sim pela identificação com os papéis através da simbolização, com o desempenho equilibrado dos papéis de gênero definidos pela cultura (masculino e feminino). Com isso, não se pode falar em prejuízo à estruturação da personalidade da criança ou adolescente que vive em uma configuração familiar com os papéis de gênero assumidos por pessoas do mesmo sexo ou por uma única pessoa. Inclusive, não há nenhuma influência no quesito afetivo-sexual do jovem, pois os referenciais pai e mãe são representações simbólicas de gênero, e não se resumem ao corpo físico.

Essas novas configurações familiares ampliam o conceito de lar, mostrando que o que realmente define uma família é o amor, o cuidado e a presença emocional, mais do que os papéis determinados pelo sexo biológico. A verdade socioafetiva torna-se mais significativa do que a biológica, pois são os laços de afeto que verdadeiramente unem os indivíduos e sustentam a estrutura familiar. Em um mundo em constante transformação, essas novas formas de família nos lembram que o lar é construído com confiança, apoio e respeito mútuo, e que a diversidade familiar é tão rica e significativa quanto qualquer estrutura tradicional, inspirando a construção de laços verdadeiros que refletem as complexidades e necessidades de cada um.

Relações Amorosas: A Diversidade de Afetos

Quando falamos das novas formas de relacionamento que os adolescentes estão vivenciando, é impossível não notar o quanto a diversidade de experiências e afetos está ganhando espaço. Além dos relacionamentos heterossexuais tradicionais, muitos jovens estão se descobrindo em relações homoafetivas, onde o afeto e o desejo se voltam para pessoas do mesmo gênero, ou em relações bissexuais, nas quais o indivíduo se sente atraído por mais de um gênero. Essas vivências fazem parte de um processo de exploração e de entendimento de sua sexualidade, ajudando-os a formar uma identidade mais autêntica. É fundamental lembrar que a ideia de patologizar a orientação sexual já não encontra mais espaço no nosso mundo contemporâneo, a sexualidade, seja ela heterossexual, homoafetiva ou bissexual, não é uma escolha consciente ou um desvio que precise de correção. É uma parte profunda e legítima do processo de descoberta e construção de identidade. Cada jovem, com sua singularidade, está trilhando um caminho de autoconhecimento, onde suas vivências afetivas revelam aspectos essenciais de quem ele é, e isso deve ser compreendido com acolhimento e empatia, não com julgamentos ou tentativas de *"cura"*.

A psicanálise defende que a sexualidade é uma expressão complexa da subjetividade humana, que envolve camadas emocionais, inconscientes e sociais. Não se trata de algo que possa ser *"corrigido"*, mas de uma dimensão intrínseca à pessoa, que vai se desvelando com o tempo e as experiências. O adolescente, em sua jornada de autodescoberta, precisa de um espaço seguro onde possa explorar seus afetos, suas dúvidas, sem o peso de preconceitos ou expectativas que o aprisionam. A tentativa de ajustar a sexualidade do jovem a uma norma rígida não só fere sua liberdade, como também compromete sua saúde emocional, criando cicatrizes difíceis de apagar.

Além do direcionamento afetivo, muitos adolescentes estão experimentando relações plurais, como relacionamentos abertos ou não-monogâmicos. Nessas configurações, o vínculo afetivo e/ou sexual não está restrito a apenas uma pessoa, permitindo que os jovens explorem diferentes formas de se relacionar sem seguir o modelo tradicional de exclusividade. Essas relações, como o poliamor, oferecem novas maneiras de viver o afeto e a sexualidade, sem as amarras de expectativas sociais mais rígidas.

Para muitos pais, essas novas configurações podem parecer desafiadoras e até desconcertantes, especialmente quando contrastadas com os modelos de relacionamento que conheceram. No entanto, é crucial lembrar que essa fase faz parte do processo de autodescoberta do adolescente, embora possam começar como uma fase de experimentação, essas experiências também podem refletir escolhas que eles levarão para a vida adulta. Não se trata apenas de algo temporário, mas de um caminho para compreender e definir quem são e como desejam se relacionar com o mundo.

Essas novas formas de amar e se relacionar permitem que os jovens questionem as normas sociais e explorem alternativas mais autênticas de viver suas emoções. O equilíbrio entre o respeito pela autonomia e a oferta de um ambiente acolhedor permite que o adolescente internalize o apoio familiar como um recurso, em vez de uma imposição, tornando a família uma base sólida que ele poderá recorrer ao longo de sua trajetória de crescimento e transformação. Quando os pais conseguem vê-lo como o protagonista de sua própria história, assumindo para si um papel mais de apoio e menos de direção – ao contrário da infância, quando definiam o *"roteiro"* a ser seguido –, eles permitem uma alternância de papéis essencial para a construção da identidade juvenil.

Identidade de Gênero: Entendendo e Apoiando

Durante a adolescência, muitos jovens começam a questionar não apenas seu lugar no mundo, mas também sua própria identidade de gênero – um conceito profundamente relacionado à forma como a pessoa se vê e se sente em relação ao seu gênero. Enquanto algumas pessoas se identificam com o gênero que lhes foi atribuído ao nascer, outras podem vivenciar um desconforto ou desalinhamento com esse papel, conhecido como disforia de gênero.

É nesse cenário que surgem termos como *não-binário* e *transgênero*, trazendo à tona uma diversidade de vivências. Um adolescente não-binário, por exemplo, pode não se identificar exclusivamente como homem ou mulher. Sua experiência pode flutuar entre os gêneros, sentir-se como uma combinação de ambos, ou mesmo como nenhum. Já uma pessoa transgênero é aquela que não se identifica com o gênero que lhe foi designado ao nascer – por exemplo, alguém atribuído ao gênero masculino, mas que se identifica e vive como feminina, ou vice-versa.

Esse processo de autodescoberta é delicado, cheio de nuances e, muitas vezes, envolve questões profundas de identidade e aceitação. Para adolescentes que vivenciam essa jornada, as mudanças podem ser variadas – desde mudanças sociais, como o uso de um novo nome ou pronomes, até mudanças físicas, como tratamentos hormonais.

Para os pais, essa transição pode ser um processo desafiador. O confronto com novas realidades, especialmente quando essas questões de gênero eram menos debatidas em suas próprias vivências, pode trazer insegurança e, muitas vezes, medo. No entanto, o apoio dos pais é essencial para o bem-estar emocional do adolescente. A literatura e as pesquisas apontam que adolescentes que enfrentam resistência ou rejeição em casa têm mais chances de desenvolver problemas de saúde mental, como depressão e ansiedade. Além disso, podem buscar validação em ambientes não saudáveis, ficando vulneráveis ao uso de drogas ou adotando comportamentos autodestrutivos, como a automutilação. Por outro lado, aqueles que recebem apoio adequado em casa têm mais chances de construir uma identidade sólida, desenvolver uma autoestima saudável e trilhar um caminho de autoconfiança. Esse apoio não significa que os pais precisam ter todas as respostas desde o início – o importante é que estejam abertos para aprender, perguntar e, principalmente, acolher.

Compreender a diversidade de gênero pode ser desconcertante para muitos pais, mas é nesse encontro, entre o novo e o desconhecido, que nascem as oportunidades de crescimento para ambos os lados. Pequenos gestos de apoio, como respeitar os pronomes e o nome escolhido, podem ter um impacto imensurável na autoestima e na sensação de pertencimento do jovem. Cada ato de respeito reforça a ideia de que ele é aceito e compreendido, fortalecendo seu desenvolvimento. Aceitar que o caminho de seu filho ou filha é diferente do que haviam imaginado pode ser desafiador, mas também pode abrir portas para novas formas de amor e compreensão. Reconhecer que a transição não é apenas uma jornada individual, mas também uma travessia familiar, permite que pais e filhos se conectem de forma mais profunda e verdadeira. Com paciência, abertura e cuidado, essa jornada pode ser uma oportunidade de amadurecimento e fortalecimento dos laços familiares, onde o apoio incondicional é a chave para o florescimento de uma identidade autêntica.

Ao final, é importante refletir: *O que realmente importa para nós como pais? Que nossos filhos sigam um modelo de vida que nos faz sentir mais confortáveis, mas que os reprime e traz sofrimento? Ou que eles possam se sentir realizados e verdadeiros consigo mesmos, ainda que suas escolhas desafiem nossas expectativas?* O amor que os jovens sentem, seja por alguém do mesmo gênero ou em múltiplas configurações, é parte fundamental de quem são. Acolher as diversas formas de amar e se relacionar é muito mais do que tolerar: é entender que, ao valorizar a singularidade de nossos filhos, estamos não só ensinando respeito à diversidade, mas também mostrando que viver de forma autêntica é o maior presente que alguém pode se dar. Permitir que nossos filhos sejam quem realmente são, sem medo ou vergonha, é oferecer a eles um futuro baseado no amor e na realização pessoal.

A verdadeira autenticidade e saúde emocional vem de viver conforme o próprio desejo, e a aceitação dos pais pode ser o maior presente para esse processo de crescimento.

Capítulo VI

A Era dos Diagnósticos

> *"Conheça todas as teorias, domine todas as técnicas, mas ao tocar uma alma humana, seja apenas outra alma humana."*
>
> **Carl Jung**

"Esses dias, eu estava mexendo nesse aplicativo de encontros, meus pais nem sabem que eu tenho. Era mais para passar o tempo, sabe? Aí comecei a perceber que, embaixo das fotos, tinha um status. Mas não era uma frase ou o relacionamento da pessoa, era o diagnóstico dela. Fiquei surpresa. Eu, que sempre tive vergonha de ter TDAH, achei aquilo super inclusivo. E, sem pensar duas vezes, fui lá e atualizei o meu."

Nos últimos anos, observou-se um aumento significativo nos diagnósticos de transtornos mentais entre adolescentes no Brasil. Condições como depressão – caracterizada por tristeza persistente, isolamento e falta de motivação – e ansiedade – marcada por preocupação excessiva e sintomas físicos, como taquicardia e dificuldades de concentração – tornaram-se mais comuns nessa faixa etária. Estima-se que quase um em cada seis adolescentes brasileiros, entre 10 e 19 anos, viva com algum transtorno mental, o que os expõe a riscos como automutilação, depressão e suicídio. Além disso, o suicídio é uma das principais causas de morte entre jovens de 15 a 19 anos no país.

Diagnósticos de transtornos comportamentais, como TDAH – que envolve desatenção, impulsividade e, em alguns casos, hiperatividade – e transtorno de conduta – caracterizado por comportamentos antissociais e desrespeito a regras – também aumentaram, impactando o desempenho escolar e as relações sociais dos jovens. Transtornos alimentares, como anorexia – restrição alimentar intensa e medo de ganho de peso – e bulimia – episódios de compulsão alimentar seguidos por métodos de controle de peso – têm crescido, especialmente entre meninas, e representam sérios riscos para a saúde física e emocional.

Embora o diagnóstico precoce seja essencial para o tratamento adequado, é igualmente necessário refletir sobre o risco de patologizar comportamentos adolescentes que, muitas vezes, são respostas naturais às intensas mudanças físicas, emocionais e sociais que caracterizam essa fase. O que pode parecer, à primeira vista, como sintomas de um transtorno, muitas vezes reflete o modo único do jovem lidar com as pressões internas e externas em um período de grande transformação.

As consequências de uma patologização indevida para *"ajustar"* comportamentos esperados a uma normalidade idealizada podem ser prejudiciais ao desenvolvimento saudável e ao bem-estar dos jovens. Entre os principais riscos, está a possibilidade de estigmatizar comportamentos naturais da adolescência – como mudanças de humor repentinas, explosões de raiva e explorações de identidade – como inadequados, o que pode fazer com que o adolescente sinta que há algo errado consigo, afetando sua autoestima e confiança. Outra consequência é o risco de uma visão negativa de si mesmo, onde o jovem, ao se identificar com o rótulo de *"problemático"*, pode acabar assumindo esse papel em vez de buscar entender suas emoções e sentimentos. Sob o uso de medicação para *"ajustar"* comportamentos naturais, ele pode experimentar uma dormência emocional, uma atenuação das sensações que dificulta o olhar para dentro e a reflexão sobre si mesmo. Esse alívio superficial não promove uma mudança simbólica, interna e duradoura. Além disso, essa dormência pode dificultar a capacidade de distinguir entre sentimentos próprios do desenvolvimento e sinais de um problema real que precisa de ajuda profissional, atrasando o momento adequado de busca por apoio.

O Papel da Psiquiatria e da Psicanálise

A psiquiatria e a psicanálise desempenham papéis fundamentais, embora distintos e complementares, no tratamento dos transtornos mentais. A psiquiatria, que surgiu no século XIX, começou com uma abordagem que focava nos aspectos biológicos e comportamentais das doenças mentais. Inicialmente, os tratamentos psiquiátricos eram limitados e incluíam métodos como confinamento e terapias de choque, refletindo o entendimento restrito da época. Com o avanço das neurociências, a psiquiatria evoluiu, passando a utilizar medicamentos para tratar condições como depressão, ansiedade e esquizofrenia, baseando-se em descobertas sobre neurotransmissores e o papel do cérebro na regulação emocional. Esses tratamentos trouxeram avanços importantes, especialmente ao proporcionar alívio sintomático em casos graves, possibilitando ao indivíduo recuperar parte de sua estabilidade e funcionalidade.

Para a psicanálise, o sintoma é mais do que um simples desconforto a ser eliminado; ele carrega em si mensagens sobre conflitos internos, desejos inconscientes e tentativas de lidar com questões reprimidas. Freud descreveu o sintoma como *"uma solução de compromisso"* entre as forças internas, sendo um caminho pelo qual o inconsciente encontra expressão, embora de forma distorcida. Ele dizia: *"O sintoma é a linguagem através da qual o inconsciente fala"*, indicando que, ao ouvir o sintoma, é possível compreender e trabalhar com aquilo que, de outra forma, permaneceria inexpressado. Além de Freud, Jacques Lacan, destacou a importância de decifrar os sintomas, afirmando que *"o sintoma é uma forma singular de verdade"*, o que aponta para a profundidade subjetiva de cada expressão sintomática. Lacan sugere que o sintoma é muitas vezes a única maneira que o indivíduo encontra para organizar e enfrentar as angústias do inconsciente. Nesse sentido, ele não é algo a ser eliminado, mas compreendido e transformado. Com o uso de técnicas como a associação livre, a interpretação dos sonhos e o trabalho analítico, a psicanálise permite que o indivíduo penetre nas camadas mais profundas de seu psiquismo, abrindo espaço para que o sintoma seja integrado e ressignificado, promovendo uma transformação emocional que não visa apenas o alívio, mas sim uma elaboração do sofrimento.

A psiquiatria, a psicanálise e outras abordagens terapêuticas compartilham um objetivo comum: tratar o sofrimento psíquico e aliviar os sintomas que comprometem a qualidade de vida do indivíduo. No entanto, é fundamental que essa busca também promova um encontro com o significado particular daquele sintoma para a pessoa, evitando uma solução que se limite a normalizar, rotular ou silenciar o que é vivenciado. Quando aplicadas com essa sensibilidade, a psiquiatria e a psicanálise tornam-se abordagens complementares, oferecendo, em conjunto, caminhos eficazes para compreender e tratar questões emocionais em profundidade, favorecendo um processo de transformação mais significativo e duradouro.

Entre Crise e Diagnóstico:
O Limite da Patologização na Adolescência

Atualmente nosso maior desafio é discernir até que ponto as manifestações emocionais e comportamentais dos adolescentes fazem parte de um processo natural de amadurecimento e quando sinalizam um transtorno mental que exige atenção especializada. Para ajudar nessa diferenciação, é essencial que pais, cuidadores e educadores estejam atentos e profundamente envolvidos com o desenvolvimento emocional dos jovens. É importante que quem convive com adolescentes compreenda que essa fase é naturalmente marcada por sentimentos intensos, como explorado no capítulo *"As Emoções."* Esse é um período em que o jovem passa por mudanças profundas e precisa testar limites, e pais e cuidadores devem estar preparados para lidar com episódios de maior tristeza – reflexo dos lutos característicos da adolescência; instabilidade – enquanto testam diferentes papéis; irritação – pela necessidade de integrar o princípio de prazer com o princípio de realidade; e insatisfação – ao tentar conciliar a nova imagem corporal com as expectativas sociais e pessoais. Todas essas emoções são naturais e fazem parte do crescimento. Reconhecê-las como tal pode ajudar a evitar intervenções apressadas.

Ao manter uma presença atenta e disposta a entender a realidade dos adolescentes, pais e educadores conseguem observar sinais que realmente indicam a necessidade de ajuda profissional:

1. **Depressão:** Caracterizada pela inatividade e pelo desinteresse generalizado. O adolescente não consegue identificar um motivo específico para seu estado emocional, não o associa a eventos particulares e, geralmente, apresenta uma perda de apetite e descuido com a própria higiene, como deixar de tomar banho. Ele pode se afastar tanto de amigos quanto de familiares, preferindo o isolamento completo.

2. **Ansiedade:** Esse transtorno se manifesta frequentemente com sintomas físicos, como sudorese excessiva e palpitações, que já foram descartados como causas físicas após avaliação médica. A ansiedade pode levar o adolescente a evitar eventos sociais, faltar a provas, ter episódios de vômito devido ao nervosismo, e apresentar insônia. Muitas vezes, sua mente está em um estado constante de alerta, antecipando problemas e buscando soluções para situações que ainda nem ocorreram.

3. **Transtornos Alimentares:** Transtornos alimentares podem ser observados através dos comportamentos do adolescente durante as refeições: evitação de alimentos, escolha de refeições extremamente restritas ou idas frequentes ao banheiro logo após comer. Uma perda de peso repentina e o uso de roupas para esconder o corpo são sinais adicionais que merecem atenção.

4. **Transtorno de Conduta:** Esse transtorno é caracterizado por comportamentos arriscados e pela violência deliberada. O adolescente demonstra um desrespeito persistente por regras, usando a agressão física e verbal sem remorso e ignorando limites familiares com atitudes desafiadoras e provocativas.

5. **TDAH (Transtorno de Déficit de Atenção e Hiperatividade):** Para o diagnóstico de TDAH, é importante avaliar o histórico desde a infância, observando sinais como inquietação e impulsividade. O ajuste de rotinas pode ajudar a controlar sintomas, como limitar o uso de telas e promover atividades que estimulem a concentração e o autocontrole, fornecendo uma estrutura que facilite o desenvolvimento de habilidades para gerenciar sua impulsividade e melhorar o foco em tarefas diárias.

Atualmente, vivemos uma época marcada pela busca por soluções rápidas para desconfortos emocionais, essa tendência de recorrer a diagnósticos e medicações para qualquer sinal de sofrimento levanta importantes questões éticas. A medicalização indiscriminada pode impedir que o jovem compreenda aspectos fundamentais de sua subjetividade e de seus conflitos internos. Quando o sintoma é suprimido unicamente por medicamentos, o processo de vivenciar e elaborar emoções fica comprometido, limitando também a eficácia da terapia. Na era dos diagnósticos, o equilíbrio e a sensibilidade devem ser princípios orientadores dos profissionais de saúde mental, criando espaço para que o sujeito explore suas questões e favoreça um desenvolvimento emocional saudável.

O uso de medicação sem o suporte terapêutico adequado restringe a oportunidade de autoconhecimento, impedindo a transformação emocional necessária para um desenvolvimento mais consciente. A homogeneização de tratamentos, através de diagnósticos rápidos, também apaga a individualidade, ignorando que um medicamento pode ter efeitos muito distintos de pessoa para pessoa. Manter um olhar cuidadoso é essencial para respeitar tanto o desenvolvimento do jovem quanto a importância de diagnósticos fundamentados. Popularizar diagnósticos de forma indiscriminada coloca em risco a percepção dos casos em que a intervenção é, de fato, necessária, estigmatizando um cuidado que poderia ser transformador para aqueles que realmente precisam.

Nós, pais, educadores, profissionais da saúde e cuidadores, precisamos lembrar que as turbulências fazem parte do desenvolvimento e da vida. Nossos jovens são mais do que sintomas, e a psicanálise nos ensina a ver, por trás de cada diagnóstico, um indivíduo com uma história, singularidade e subjetividade próprias. Quando buscamos excessivamente rotular, corremos o risco de perder a essência e a complexidade única do jovem, esquecendo que ele não se reduz ao diagnóstico.

Capítulo VII

Drogas e Vícios

Entre o Vazio e a Euforia

*No silêncio que grita, sinto sem compreender,
Busco na euforia o que não consigo ver.
Fujo de mim, perco-me no meu próprio ser,
Nessa dança incerta entre o vazio e o querer.*

*O prazer momentâneo engana a dor,
Pinta as sombras que carrego com falsa cor.
Mas quando a chama, enfim, se apaga,
Resta a mesma angústia, que nunca deslarga.*

*Corro em círculos, sem rumo, sem chão,
Tentando encontrar alívio na ilusão.
No fundo, sei que não há verdadeira fuga,
 Apenas o eco do que o coração subtrai, e julga.*

*O perigo e o prazer se encontram no limiar,
E eu sigo à deriva, sem saber onde ancorar.
Entre o abismo e o alívio que se desfaz,
A vida escapa, enquanto eu busco paz.*

Gabriela Hostalácio

O uso de drogas e o desenvolvimento de vícios na adolescência merecem atenção especial, pois essa fase envolve mudanças biológicas, psicológicas e sociais intensas. A busca por sensações fortes, a necessidade de pertencimento e a pressão social são fatores que frequentemente levam os jovens a experimentar substâncias e comportamentos de risco. O cérebro do adolescente, ainda em desenvolvimento, especialmente nas áreas ligadas à tomada de decisões e ao controle de impulsos, torna essa faixa etária mais vulnerável aos efeitos e à dependência de substâncias. Assim, é essencial que pais, educadores e cuidadores estejam informados sobre as drogas que circulam atualmente e os contextos em que surgem, permitindo uma intervenção mais eficaz ao identificar sinais de uso. Mais do que reconhecer sintomas, a prevenção envolve oferecer apoio emocional e alternativas saudáveis, criando um ambiente seguro para a expressão do jovem.

O desejo de aceitação social é um dos principais motivadores para o uso de substâncias na adolescência. Em festas e encontros com amigos, o consumo de drogas é visto como comum e até como um símbolo de adaptação social. Estudos mostram que o uso de substâncias em contextos sociais é mais prevalente entre jovens que buscam integração em grupos onde o consumo é frequente. Segundo uma pesquisa publicada em *Social Behavior and Personality* (2021), 67% dos adolescentes relataram que o primeiro contato com álcool ou cigarro ocorreu em eventos sociais, muitas vezes pela expectativa de se integrar.

O ambiente familiar também exerce um papel fundamental na maneira como o adolescente lida com seus desafios emocionais. Lares com comunicação deficiente, altos níveis de conflito ou ausência de suporte emocional criam um cenário onde o jovem não encontra um espaço seguro para expressar suas angústias. O *National Institute on Drug Abuse* (2022) afirma que adolescentes que crescem em famílias instáveis e emocionalmente distantes são duas vezes mais propensos a recorrer a substâncias para lidar com o estresse e o desconforto emocional. Em contextos como esses, a falta de diálogo e compreensão leva o jovem a buscar alívio em alternativas externas.

Além disso, questões emocionais como ansiedade, depressão, baixa autoestima e impulsividade são fatores que aumentam o risco de envolvimento com substâncias. A influência das redes sociais também desempenha um papel importante. Muitas plataformas digitais apresentam conteúdos que glamourizam o consumo de drogas e álcool, transmitindo a ideia de que essas práticas estão associadas à diversão, à liberdade e à popularidade. Uma pesquisa da *Common Sense Media* (2023) revelou que 45% dos jovens já se sentiram incentivados a experimentar substâncias após verem influenciadores ou personalidades nas redes sociais exibindo esse comportamento. A exposição constante a esse tipo de conteúdo acaba moldando percepções e incentivando o consumo de maneira sutil e poderosa.

Esses fatores combinados ressaltam a importância de uma abordagem preventiva que considere o contexto social, familiar e emocional dos adolescentes, para que eles possam encontrar suporte e estratégias saudáveis ao lidar com pressões e desafios típicos dessa fase.

Vício na Adolescência

O vício é um processo complexo que afeta profundamente o cérebro, influenciando como ele processa prazer e recompensa. Inicialmente, o vício se instala através de um *"aprendizado"* neurológico, no qual a exposição repetida a uma substância ou comportamento dispara a liberação de dopamina, neurotransmissor ligado ao prazer e à recompensa. Quando uma droga ou atividade ativa essa via de recompensa, o cérebro experimenta bem-estar, que logo gera o desejo de repetição. Com o uso contínuo, o cérebro se adapta, reduzindo a sensibilidade à substância ou ao comportamento e exigindo doses cada vez maiores para alcançar o mesmo nível de prazer, um processo conhecido como *"tolerância"*. Com o tempo, o vício altera estruturas cerebrais importantes, como o córtex pré-frontal, área responsável pela tomada de decisões, controle de impulsos e planejamento. Assim, o cérebro passa a priorizar a busca pela substância ou comportamento em detrimento de atividades prazerosas e saudáveis, levando à dependência – um estado em que o cérebro *"aprendeu"* a buscar o prazer de forma compulsiva, mesmo diante dos prejuízos envolvidos. O desenvolvimento de memórias emocionais associadas ao prazer agrava esse ciclo: o cérebro grava a experiência viciante como uma *"memória de recompensa"* que pode ser ativada por gatilhos específicos, perpetuando o ciclo de dependência.

A psicanálise, por sua vez, compreende o vício como uma manifestação de compulsão. Freud e outros psicanalistas estudaram o comportamento compulsivo como uma tentativa inconsciente de enfrentar ansiedades profundas e conflitos não resolvidos. Para o adolescente, o vício pode ser uma espécie de *"fuga psíquica"* diante de sentimentos avassaladores ou uma maneira de satisfazer, ainda que de forma ilusória, uma falta emocional interna. A psicanálise nos ajuda a ver o vício não apenas como dependência, mas como uma resposta simbólica que revela desejos inconscientes, medos e frustrações que o jovem tenta suprimir. Freud relaciona o comportamento compulsivo ao conceito de *"repetição da compulsão"*, onde certas ações se repetem como tentativa de controlar emoções reprimidas.

Melanie Klein enfatiza que, no comportamento viciante, há uma busca por objetos externos que ofereçam gratificação imediata. O objeto viciante é idealizado e utilizado para aplacar uma falta interna, mas, paradoxalmente, acaba gerando um ciclo de dependência. Como afirma Klein: *"O sujeito busca incessantemente um objeto externo que possa atuar como depositário de suas angústias"*, evidenciando a relação entre vício e a dificuldade de simbolizar psiquicamente sentimentos complexos.

Para Winnicott, o vício também pode estar ligado ao conceito de *"objeto transicional"*. Na infância, os objetos transicionais – como naninhas, bonecos e panos – ajudam no processo de individuação, proporcionando conforto e segurança à medida que a criança começa a se separar das figuras parentais. No comportamento viciante, no entanto, o objeto representa uma tentativa de recriar essa segurança, só que de maneira ilusória, impedindo o amadurecimento emocional e o contato genuíno com a própria realidade interna.

André Green aprofunda essa compreensão ao definir o vício como uma *"falha de simbolização"*. Para ele, o sujeito, incapaz de transformar seu sofrimento em palavras ou símbolos, recorre a substâncias ou comportamentos que atuam diretamente no corpo. Nesse sentido, o vício se torna uma tentativa de *"não sentir"* o vazio interno insuportável, uma forma de lidar com o que Green chama de *"morte psíquica"*, onde a experiência emocional é bloqueada e substituída por um *"gozo"* que anestesia as angústias profundas, mas ao custo de uma desconexão com a própria subjetividade.

Para adolescentes, essa vulnerabilidade ao vício é ampliada pela fase de desenvolvimento em que se encontram. O cérebro adolescente, sensível a estímulos intensos e ávido por novas experiências, facilita a instalação do vício e cria padrões comportamentais difíceis de alterar na vida adulta. Além de buscarem uma forma de transferir seus sentimentos, os adolescentes, que estão em uma fase intensa de construção de identidade e busca por validação externa, podem acabar se envolvendo com as drogas para se sentirem pertencentes a um grupo ou situação social. Nesta fase da vida, estamos mais vulneráveis a seguir comportamentos em grupo.

Evolução Histórica do Uso de Drogas na Adolescência

Desde o século XX, o uso de substâncias entre jovens passou por mudanças significativas, refletindo transformações culturais e sociais que influenciaram as preferências e os padrões de consumo.

Na década de 1960, a popularização da maconha foi associada ao movimento de contracultura, onde jovens buscavam liberdade e questionavam normas sociais estabelecidas. O uso da maconha representava uma expansão de consciência e uma crítica aos valores tradicionais. Contudo, pesquisas indicam que o consumo de maconha pode interferir na memória de curto prazo, na capacidade de aprendizagem e no controle de impulsos, além de aumentar o risco de desenvolvimento de ansiedade, depressão e, em casos mais graves, quadros psicóticos. Um estudo da Universidade de Montreal (2016) mostrou que o uso regular de maconha em adolescentes pode resultar em até 60% mais chances de apresentar sintomas de depressão na idade adulta.

Na década de 1970, o álcool passou a dominar o cenário adolescente, sendo consumido principalmente em festas e encontros sociais, representando um *"rito de passagem"* e facilitando a integração entre jovens. Contudo, o consumo de álcool na adolescência está associado a problemas de saúde, como danos ao fígado e ao coração, além do desenvolvimento de dependência. Estudos mostram que o consumo excessivo e precoce de álcool pode afetar o sistema nervoso em desenvolvimento, alterando áreas do cérebro responsáveis pelo controle de impulsos e pela tomada de decisões. Dados da Organização Mundial da Saúde (OMS), apontam que adolescentes que consomem álcool regularmente têm até três vezes mais chances de desenvolver transtornos mentais, como depressão e ansiedade, e apresentam pior desempenho escolar.

Nas décadas de 1990 e 2000, com o surgimento da cultura das festas eletrônicas, o ecstasy (MDMA) ganhou popularidade entre adolescentes e jovens adultos. Essa droga induz sensações de euforia e conexão emocional, tornando-se uma escolha comum em raves e festivais. No entanto, o ecstasy afeta os níveis de serotonina no cérebro – substância responsável pela regulação do humor – e pode resultar em crises de depressão, ansiedade e surtos de pânico após o uso. O consumo frequente de MDMA pode causar danos neuroquímicos duradouros, comprometendo a memória, a capacidade de aprendizado e a resposta emocional. Pesquisas realizadas pela Universidade de Cambridge (2020) revelaram que o uso regular de MDMA aumenta em até 50% a probabilidade de desenvolver transtornos de ansiedade e problemas de memória.

Nos anos 2000 e 2010, novas substâncias como cocaína e metanfetamina se popularizaram entre adolescentes, impulsionadas pela acessibilidade e pela pressão social. A cocaína, uma droga estimulante, pode causar ansiedade intensa, paranoia, problemas cardíacos e até risco de overdose. A metanfetamina apresenta riscos ainda mais graves, incluindo psicose, problemas neurológicos severos e perda de capacidade cognitiva, além de ser altamente viciante. Segundo o National Institute on Drug Abuse (NIDA, 2021), o uso frequente de cocaína e metanfetamina em jovens pode reduzir até 30% da capacidade cognitiva em longo prazo.

Recentemente, o surgimento dos cigarros eletrônicos, ou *"vapes"*, introduziu novos riscos à saúde dos adolescentes. Com sabores atraentes e embalagens diferenciadas, os vapes contêm altas concentrações de nicotina, causam danos ao sistema respiratório e cardiovascular e são prejudiciais ao desenvolvimento neurológico. Estudos da Universidade de Harvard (2022) apontam que o uso de vapes entre adolescentes pode levar a condições como bronquite crônica e redução da função pulmonar, além de aumentar a suscetibilidade a outros vícios. O impacto da nicotina no cérebro em desenvolvimento tem sido associado a sintomas de ansiedade e depressão, comprometendo a saúde mental e emocional do jovem.

Essas mudanças nos padrões de consumo refletem os desafios que adolescentes enfrentam ao lidar com um mundo em constante transformação. Embora o consumo de álcool e cigarro esteja em declínio, o aumento no uso de substâncias como vapes e drogas sintéticas evidencia a necessidade de atenção e educação contínua. Para muitos jovens, esses comportamentos refletem uma tentativa de se adaptar a pressões sociais e emocionais, muitas vezes com consequências graves para a saúde física e mental.

Como Identificar Possíveis Alterações de Comportamentos que Podem Indicar o Uso de Substâncias?

O consumo de substâncias entre adolescentes, como discutimos, é um fenômeno multifacetado que se altera ao longo do tempo e varia de acordo com o tipo de substância, a frequência de uso e o contexto social e emocional de cada jovem. Na psicanálise, compreendemos a singularidade de cada caso, evitando generalizações. O que ofereço aqui é uma série de comportamentos que, embora não sejam conclusivos por si só, podem ajudar pais e cuidadores a identificar possíveis sinais de alerta. Esses comportamentos devem ser observados com sensibilidade, sempre levando em conta o conhecimento prévio que os pais têm sobre o adolescente e seu contexto.

1. **Oscilações de Humor e Comportamento:** Mudanças de humor são comuns na adolescência, mas o uso de drogas pode intensificar essas oscilações, resultando em variações extremas e rápidas – como euforia seguida de apatia ou irritabilidade repentina que contrasta com momentos de calma e afabilidade. Essas oscilações tendem a ser mais intensas e frequentes, especialmente nos intervalos entre o uso e a abstinência, quando o jovem pode demonstrar irritação, tristeza ou desânimo. Pais, cuidadores e educadores podem observar se esses padrões ficam mais evidentes entre eventos sociais, encontros com amigos ou após festas. O ecstasy, por exemplo, é conhecido por causar uma *"queda"* emocional acentuada após o fim de seu efeito, deixando o jovem exausto e desanimado por horas ou até dias após uma ocasião social intensa. Esses sinais, quando observados com sensibilidade e frequência, podem indicar uma busca recorrente pelo uso de substâncias para lidar com emoções e situações, sinalizando a necessidade de apoio.

2. **Perda de Interesse em Atividades Prazerosas:** Com o tempo, é natural que os adolescentes explorem novas áreas de interesse e deixem algumas práticas para trás. No entanto, uma perda repentina de interesse em atividades que antes eram prazerosas e significativas, como esportes, projetos escolares ou amizades, sem a busca por novas práticas, pode sinalizar um possível uso abusivo de substâncias. Esse desinteresse é frequentemente acompanhado por um esvaziamento emocional e uma sensação de distanciamento em outras áreas da vida. Pais e cuidadores podem observar se atividades simples e cotidianas parecem irritar o jovem, se ele deixou de compartilhar suas motivações e interesses, ou se expressa apatia em relação a tudo o que antes lhe trazia prazer. Outra pista é uma ênfase excessiva nos eventos sociais, festas e encontros, que podem se tornar o único ponto de entusiasmo em sua rotina, enquanto outras áreas perdem o brilho.

3. **Queda no Desempenho Escolar:** Alterações no rendimento escolar, dificuldade de concentração, aumento nas faltas e nos atra-

sos podem ser sinais claros do impacto que o uso de substâncias causa na rotina e nas responsabilidades do adolescente. Frequentemente, o uso interfere diretamente na capacidade de planejamento e comprometimento, resultando em um desempenho acadêmico inferior ao habitual. Observar o rendimento escolar como um todo é fundamental. Um sinal de alerta importante é a queda de desempenho em matérias nas quais o jovem antes demonstrava facilidade. Essa mudança pode indicar que sua concentração está sendo minada pelo uso de substâncias, prejudicando seu envolvimento e interesse nas atividades diárias.

4. **Descontrole Financeiro:** Se o adolescente trabalha ou recebe mesada, a relação com o dinheiro pode ser um indício importante. Um aumento nos pedidos de dinheiro, sem uma justificativa clara, ou a venda de objetos pessoais podem sugerir que o dinheiro está sendo direcionado para manter o consumo. Esse comportamento reflete como a necessidade de manter o uso pode sobrepor outros valores e responsabilidades.

5. **Mudanças na Aparência Física:** Alterações bruscas de peso, olhos avermelhados, pupilas dilatadas e descuido com a higiene pessoal ou com a aparência podem ser sinais físicos associados ao uso abusivo de substâncias. Muitas vezes, essas mudanças refletem os efeitos que as drogas causam no organismo, influenciando apetite, sono e até o autocuidado. É importante observar o visual do adolescente de forma abrangente, já que muitos pais tendem a interpretar essas mudanças como um sinal de rebeldia ou de estilo. Estar atento às transformações pode ajudar a distinguir o que é parte do desenvolvimento normal e o que pode indicar algo mais profundo.

6. **Sintomas de Abstinência:** Quando o adolescente não tem acesso à substância, pode manifestar sinais físicos e emocionais de abstinência, como irritabilidade, sudorese, dores no corpo e insônia. Esses sintomas indicam a forma profunda com que o uso abusivo afeta o organismo, refletindo tanto no corpo quanto na mente. A

presença desses sinais é um alerta importante, sugerindo que a dependência pode estar se estabelecendo e que o jovem precisa de apoio e orientação adequados para enfrentar essa situação.

Presença e Cuidado:
Estratégias Sensíveis para Proteger e Orientar

Prevenir o uso de substâncias entre adolescentes vai além do controle e da vigilância; trata-se de promover uma combinação de informação, diálogo aberto e suporte contínuo. Estudos demonstram que a prevenção mais eficaz ocorre quando os jovens têm acesso a informações claras e realistas sobre os riscos associados ao uso de substâncias, como cigarros eletrônicos e drogas sintéticas. Conversas sobre os perigos, os efeitos para a saúde e as consequências em longo prazo ajudam a desenvolver uma consciência crítica, capacitando o adolescente a fazer escolhas mais informadas.

Criar espaços de convivência que favoreçam uma supervisão natural e fortaleçam os vínculos é uma abordagem importante para acompanhar o adolescente sem invadir sua privacidade. Convidar os amigos do jovem para momentos em casa, por exemplo, permite aos pais observar suas interações e conhecer melhor o círculo social em que ele está inserido. Participar de atividades escolares e comunitárias proporciona uma oportunidade valiosa de observação e apoio, permitindo que os pais estejam atentos a possíveis sinais de alerta, sem a necessidade de uma vigilância constante.

Além disso, incentivar o adolescente a envolver-se em atividades esportivas, artísticas ou culturais proporciona uma base emocional saudável, auxiliando no desenvolvimento de habilidades como disciplina e autocontrole. Essas práticas contribuem positivamente para a autoestima e oferecem meios construtivos de lidar com o estresse e as frustrações naturais da adolescência.

Estudos indicam também que abordar o tema das substâncias de maneira indireta – por meio de filmes e documentários que retratam o impacto do vício – pode abrir espaço para conversas profundas sem confrontação direta. Assistir juntos a produções como *Take Your Pills*, *Heroin(e)* ou à série *Cigarro Eletrônico: Uma Epidemia* pode incentivar reflexões e fortalecer o diálogo, promovendo uma perspectiva crítica sobre escolhas e riscos.

Quando os sinais de alerta se intensificam – como isolamento, agressividade ou mudanças bruscas de humor –, buscar orientação profissional torna-se essencial. Caso o uso de substâncias já tenha iniciado, é importante que o adolescente sinta que o apoio permanece, sem julgamentos, e que seus pais estão presentes para ajudá-lo a encontrar um caminho de superação. Terapia e grupos de apoio são recursos eficazes, pois oferecem ao jovem ferramentas para lidar com dificuldades emocionais e entender melhor os desafios que enfrenta

---

O enfrentamento dos riscos do uso de substâncias exige uma escuta cuidadosa e uma compreensão das raízes mais profundas que podem levar ao vício, que são frequentemente sintomas de uma busca por sentido, alívio ou conexão. Ao compreendermos o vício como um sintoma que ecoa conflitos internos, angústias e dificuldades de simbolização, a prevenção e o acolhimento ao adolescente passam a ser vistos de forma mais empática e abrangente. Mais do que uma luta contra a substância em si, trata-se de um convite para que o jovem aprenda a se escutar, a nomear suas emoções e a encontrar recursos emocionais que fortaleçam sua autonomia. Criar esse ambiente de confiança, acolhimento e liberdade de expressão é o que permite que ele viva as turbulências dessa fase com a segurança necessária para construir um futuro mais saudável e significativo.

Capítulo VIII

As Redes Sociais

"Todos vestimos máscaras, e chega um momento em que não podemos mais tirá-las sem arrancar a nossa própria pele."
André Berthiaume

"Esses dias, passei mais de duas horas rolando o feed. Nem percebi o tempo passar. Eu estava ali, vendo a vida perfeita dos outros – viagens, corpos, conquistas...me peguei pensando: 'O que eu estou fazendo da minha vida? Por que tudo parece tão distante? Cada foto era um lembrete do que eu não tinha. E aí, quando vi, já estava me afundando em comparação, me sentindo menor, inadequado. Mesmo sabendo que aquilo tudo não é real, não consigo evitar. Sinto uma mistura de inveja, frustração, e até vergonha. Desligo o celular com a sensação de vazio."

Ao contrário dos demais capítulos, este trecho é um recorte de uma sessão com um adulto, alguém que já está em uma fase da vida em que pressupomos e reivindicamos maturidade. No entanto, mesmo com essa percepção, as redes sociais ainda conseguem impactar profundamente suas emoções e a forma como ele enxerga a própria vida. Agora, imagine o que esse mesmo ambiente pode causar em nossos adolescentes, que estão em pleno processo de construção de sua identidade e, muitas vezes, ainda não possuem as ferramentas emocionais necessárias para lidar com a pressão, as comparações constantes e a busca incessante por validação.

Esse cenário nos leva a uma reflexão urgente: *Se as redes sociais conseguem gerar angústia, ansiedade e depressão em adultos que, teoricamente, têm mais maturidade emocional para lidar com esses desafios, o que elas podem causar nos adolescentes?*

Por que as Redes Sociais Geram Tanta Angústia e Sofrimento Emocional?

As redes sociais, ao invés de apenas conectarem pessoas, se tornaram uma vitrine onde o ideal de vida é constantemente exibido. Esse ambiente exacerba as comparações sociais, pressionando seus usuários a corresponder a padrões inalcançáveis. Quando a busca por validação é constante, o espaço para autocompaixão e aceitação diminui, gerando um ciclo de insatisfação e angústia.

Além disso, a internet promove um imediatismo que impede a absorção mais profunda das informações. O consumo desenfreado de conteúdos rápidos e superficiais cria uma cultura de gratificação instantânea, onde não há tempo para reflexão ou processamento emocional. A experiência de passar o dia navegando pelas redes, consumindo uma avalanche de informações, sem nunca parar para digerir ou absorver de fato o que se leu, deixa-nos com a sensação de que, embora estejamos sempre *"conectados"*, não conseguimos reter ou entender nada profundamente. Isso resulta em uma perda de foco e superficialidade nas interações, além de intensificar a ansiedade, como se estivéssemos sempre correndo atrás de algo inalcançável.

Esse imediatismo também estimula uma constante sensação de impotência. Nas redes, somos bombardeados por especialistas em todas as áreas – desde a nutrição até o sono infantil, passando por casamento, carreira e autoajuda. A difusão desse conhecimento fragmentado e comercializado gera um sentimento de insegurança, como se nunca fôssemos *"suficientes"*. Para os adolescentes, essa pressão é ainda mais intensa. Em plena fase de formação da identidade, eles ficam ainda mais vulneráveis às comparações e à sensação de inadequação diante das *"vidas perfeitas"* que vêem online.

Viktor Frankl, psiquiatra e neurologista austríaco, fundador da logoterapia – abordagem terapêutica centrada na busca de sentido na vida – nos lembra, em suas reflexões sobre liberdade e responsabilidade, que *"entre o estímulo e a resposta existe um espaço. Nesse espaço está o nosso poder de escolher a nossa resposta. E na nossa resposta está o nosso crescimento e a nossa liberdade."* Nas redes sociais, esse espaço entre o estímulo e a resposta é quase inexistente, pois somos constantemente sobrecarregados por conteúdos que exigem respostas rápidas e superficiais. Essa vida constantemente online, gera uma onda cada vez maior de ansiedade, pânico e desespero.

Além do imediatismo, vivemos hoje o desafio de lidar com o anonimato nas redes sociais, que possibilita a expressão de opiniões sem responsabilidade, incentivando o desrespeito e fortalecendo bolhas de pensamento onde apenas as próprias convicções se confirmam, negando a diferença e limitando o crescimento pessoal. Ao se exporem unicamente a ideias que reforçam o que já conhecem, os jovens ficam presos em uma realidade superficial, onde o confronto de perspectivas ou a abertura ao novo se torna raro e frequentemente evitado. A possibilidade de conhecer o outro e de lidar com as diferenças é cada vez mais distante, estreitando a visão de mundo e ampliando a intolerância.

Esse ambiente de baixa tolerância ao diferente é intensificado pela cultura do cancelamento, que permeia as redes sociais, silenciando, em vez de promover o diálogo e a construção de argumentos. Em vez de um espaço de troca e transformação, o cancelamento representa uma exclusão radical, uma tentativa de apagar quem pensa diferente. Aqueles que questionam ou divergem dos pontos de vista dominantes muitas vezes se veem à margem, *"cancelados"*, excluídos e, em alguns casos, praticamente apagados da esfera social. Nesse contexto, a construção de um pensamento crítico se enfraquece, o receio de ser cancelado leva muitos a exprimirem suas opiniões ou a adaptá-las para se encaixar nos discursos predominantes, perdendo a chance de encontrar o outro de forma genuína e de explorar ideias divergentes. Esse processo congela o desenvolvimento emocional e intelectual, principalmente dos jovens, que, privados de enfrentar a diferença, veem-se limitados em sua capacidade de expandir horizontes e de lidar com as frustrações inerentes à vida.

Esses aspectos tornam-se particularmente preocupantes ao considerarmos o impacto desse ambiente no desenvolvimento infantil e juvenil. A infância, que naturalmente deveria ser um espaço de liberdade para brincar, experimentar e engajar-se em interações reais, é, para muitos, agora mediada por dispositivos digitais e redes sociais. Cada vez mais precocemente expostos a esses ambientes, crianças e adolescentes vivem uma *"infância de telas"*, como descrito por Jonathan Haidt em *A Geração Ansiosa*, onde o contato com o mundo real é substituído por uma *"infância virtual"*. Os dispositivos se tornam uma conveniência para os pais, funcionando como recurso tanto de segurança quanto de entretenimento. Isso afasta os jovens de experiências essenciais que promovem habilidades interpessoais fundamentais, como tolerância, resiliência e empatia. Sem a prática de resolver conflitos e de lidar com as diferenças em brincadeiras e em convivências presenciais, os jovens perdem a oportunidade de desenvolver essas competências de forma sólida e natural.

As redes sociais, assim, passam a funcionar como um *"substituto"* para as interações reais, reforçando uma postura que evita o confronto saudável com o diferente e despreparando os jovens para os desafios naturais da vida adulta. Privados do contato com a diversidade de opiniões, de conflitos e da necessidade de negociar e encontrar soluções, muitos chegam à vida adulta com dificuldades para lidar com frustrações e divergências. A ausência dessas experiências formativas na infância e adolescência limita o desenvolvimento das habilidades cruciais para viver em um mundo onde a adaptabilidade, o respeito ao outro e a capacidade de enfrentar frustrações são imprescindíveis.

Outro aspecto crucial que deve ser considerado é o papel do tédio no desenvolvimento emocional e cognitivo, algo que vem sendo progressivamente eliminado pela hiperconectividade das redes sociais. As redes sociais proporcionam distrações contínuas, preenchendo qualquer lacuna de tempo livre com estímulos, essa eliminação do tédio nos priva de um estado mental que, segundo a psicanálise, é essencial para o amadurecimento psíquico.

Donald Winnicott foi responsável por trazer uma nova perspectiva psicanalítica sobre a infância, ele defendia que a capacidade de estar só e de lidar com o *"não-fazer"* é uma etapa essencial no desenvolvimento emocional. Nas suas observações clínicas, ele evidenciou que o bebê atravessa momentos de excitação e repouso, ambos necessários para a construção de sua estabilidade emocional. Esses estágios, no entanto, não se limitam apenas à infância: ao longo da vida, a habilidade de estar consigo mesmo e encontrar valor nos momentos de quietude se revela fundamental para a maturidade emocional, permitindo a consolidação de um *self* verdadeiro e autêntico. Esses momentos de aparente inatividade permitem ao indivíduo acessar um espaço interno de introspecção, onde ele pode se conectar com seus próprios sentimentos, desejos e angústias.

Winnicott acreditava que, nesses momentos de *"não-fazer"*, a verdadeira criatividade emergia, não apenas no sentido artístico, mas como uma força vital que permite ao indivíduo descobrir formas genuínas de se relacionar com o mundo e consigo mesmo. Essa criatividade, segundo ele, é essencial para o desenvolvimento do pensamento crítico, da capacidade de resolver problemas e de visualizar novas possibilidades – competências fundamentais para a vida adulta. Quando esse processo é sufocado pelas distrações constantes, como as redes sociais, o adolescente corre o risco de desenvolver uma superficialidade emocional, na qual os conflitos internos são ignorados ou evitados em troca de gratificações imediatas e efêmeras. Isso compromete a profundidade do autoconhecimento e a capacidade de enfrentar os desafios da vida.

Do ponto de vista cognitivo, o *"não-fazer"* também tem um papel fundamental. Estudos recentes em neurociência mostram que o cérebro necessita de pausas para processar, consolidar e armazenar informações de maneira eficaz. Quando o cérebro está constantemente estimulado, ele não tem tempo suficiente para processar experiências de forma profunda, comprometendo a memória e a capacidade de aprendizado a longo prazo. Essa ideia encontra ressonância nas teorias psicanalíticas, onde o tempo para reflexão e elaboração é crucial para o desenvolvimento de uma mente saudável. Sem esse tempo para interiorização, os jovens correm o risco de perder a capacidade de absorver verdadeiramente o que vivenciam, transformando o aprendizado em algo meramente superficial e temporário.

Vivemos mergulhados nos estímulos incessantes das redes sociais, sem espaço para o tédio e sem tempo para refletir, nossos jovens – e nós, adultos – somos constantemente invadidos pelo imediatismo e pela pressão de buscar uma vida perfeita. Inundados por informações que não conseguimos assimilar, nos vemos presos em um ciclo de insatisfação, onde a busca por gratificações imediatas acaba nos afastando de nós mesmos. Sem momentos de pausa para digerir nossas emoções e experiências, nos desconectamos do que realmente importa. É urgente que resgatemos o valor do tédio, da quietude, e da reflexão. Não se trata apenas de oferecer aos adolescentes essa oportunidade, mas de nos permitirmos, também, esse espaço. Nesses momentos de pausa, tanto os jovens quanto nós, adultos, podemos reencontrar a autenticidade que muitas vezes se perde no ruído das expectativas externas. São nesses intervalos que acessamos nossa criatividade, aprendemos a lidar com nossas emoções e, acima de tudo, cultivamos uma relação mais profunda e verdadeira com quem somos.

Convido você, leitor, a experimentar essa mudança: a se permitir momentos de silêncio, de pausa, de *"não-fazer"*. Ao fazer isso, não só oferecemos a nós mesmos um respiro necessário, mas também abrimos espaço para uma vida mais consciente, mais equilibrada, onde podemos construir nossa identidade – seja ela na adolescência ou na vida adulta – de forma mais sólida e autêntica. Talvez a mudança que esperamos no mundo comece com essa simples, mas poderosa, reconexão com o nosso tempo interno.

Conectados e Sobrecarregados

Por trás das telas, uma teia de sentimentos complexos é alimentada pela dinâmica das redes sociais: a necessidade constante de aceitação, o medo de exclusão, a busca insaciável por validação e a comparação ininterrupta com padrões irreais de sucesso e beleza. A cada curtida, comentário ou postagem, o adolescente, muitas vezes sem perceber, pode estar afundando em um ciclo de ansiedade e frustração, onde sua autoestima é corroída e o sentimento de inadequação se intensifica.

Esse ciclo de emoções, alimentado diariamente pelas interações online, vai muito além do que se percebe na superfície. Para compreender todos os efeitos das redes sociais na vida dos adolescentes, é crucial examinar as principais armadilhas que elas criam. Vamos explorar os fatores que contribuem para esse impacto psicológico, desde a comparação constante até os perigos enfrentados nas redes. Cada um desses aspectos influencia diretamente o bem-estar emocional dos jovens, afetando seu desenvolvimento e amadurecimento de forma significativa.

1. Comparação Constante

A comparação social já ocorre naturalmente na vida offline, mas nas redes sociais isso é amplificado. As plataformas são preenchidas por imagens cuidadosamente editadas e conteúdos curados que retratam uma versão idealizada da vida das pessoas. O efeito disso é que os usuários passam a se comparar a padrões irreais de beleza, sucesso e felicidade, sentindo-se inferiores ou menos realizados. Psicologicamente, isso desencadeia um ciclo de insatisfação pessoal, onde o indivíduo avalia sua vida em relação a uma versão irreal de outras vidas. A psicanálise destaca que essa constante comparação pode acentuar sentimentos de inadequação e criar a sensação de que o *"eu real"* nunca será suficiente, gerando ansiedade, tristeza e inveja, sentimentos que mobilizam e não permitem o fluir natural da vida.

2. Medo de Estar Perdendo Algo (FOMO)

O fenômeno do FOMO (Fear of Missing Out) é intensificado nas redes sociais, onde o fluxo contínuo de postagens de amigos e influenciadores cria a sensação de que sempre há algo importante ou divertido acontecendo – e você não está lá. A visualização constante de momentos de lazer, viagens, festas e conquistas dos outros faz com que as pessoas sintam que estão perdendo experiências essenciais ou que suas próprias vidas são menos interessantes. O FOMO está intimamente ligado à ansiedade, pois o indivíduo se sente compelido a estar sempre conectado, com medo de estar excluído de algo importante. Essa sensação de exclusão social aumenta o desconforto emocional e pode levar ao estresse e à depressão. As pessoas começam a sentir que, para serem validadas ou aceitas, precisam estar presentes em tudo, ou que a vida dos outros é mais emocionante.

3. Sobrecarga de Informações

O volume de informações que as redes sociais oferecem é imenso e constante. A necessidade de processar esse fluxo contínuo de notícias, atualizações e conteúdos variados pode gerar o fenômeno conhecido como *"information overload"* ou sobrecarga informativa. O cérebro não foi projetado para lidar com tantas informações ao mesmo tempo, e a exposição prolongada pode causar fadiga mental e exaustão emocional. Além disso, a sobrecarga de informações pode dificultar a capacidade de concentração e reflexão. A rolagem infinita de feeds e a interrupção constante de notificações também reduzem o tempo para pausas mentais, essenciais para manter o equilíbrio emocional. O resultado é um aumento da ansiedade, já que o cérebro fica em estado de alerta contínuo, o que, a longo prazo, pode afetar a saúde mental de maneira significativa.

4. O Ciclo Viciante da Validação

As redes sociais, com sua estrutura meticulosamente projetada, criam um ciclo de dependência emocional que vai além do simples entretenimento. Cada curtida, comentário ou nova atualização ativa o sistema de recompensas do cérebro, liberando dopamina – a substância química associada ao prazer. Esse processo, semelhante ao que ocorre em vícios, leva os usuários, especialmente os adolescentes, a um retorno constante às plataformas em busca desse prazer fugaz. Contudo, essa satisfação é momentânea e logo se dissipa, deixando um vazio que exige ser preenchido novamente.

Com o tempo, a interação nas redes não é mais apenas uma escolha, mas uma necessidade de validação contínua. O valor pessoal é atrelado ao número de seguidores e curtidas, e a ausência de interação é interpretada como rejeição. A frustração de não alcançar as expectativas esperadas nas redes sociais gera sentimentos de fracasso, rejeição e queda na autoestima, criando um ciclo de ansiedade e compulsão digital.

Adolescentes, em especial, são os mais afetados por essa busca incessante de validação externa. Em uma fase de desenvolvimento emocional e social, eles frequentemente se veem presos em um ambiente onde sua identidade está em constante avaliação e comparação. A dependência digital, então, não apenas gera altos níveis de ansiedade, mas também contribui para uma visão distorcida de valor próprio, o que pode ter impactos profundos no desenvolvimento psíquico e social. Assim, o ciclo viciante das redes sociais se torna uma armadilha emocional, onde a busca por reconhecimento imediato substitui o trabalho interno de construção de autoestima, tornando-se uma das grandes armadilhas da era contemporânea.

5. Pressão por uma Imagem Perfeita e a Distorção da Realidade

Nas redes sociais, há uma pressão constante, muitas vezes silenciosa, para criar e manter uma imagem idealizada. Isso vai além da aparência física, abrangendo também o sucesso pessoal, os relacionamentos e a vida como um todo. A necessidade de exibir uma vida aparentemente perfeita – onde se é sempre bonito, bem-sucedido e feliz – cria uma dissonância entre a realidade vivida e a realidade exibida. Esse processo é intensificado pelos filtros e edições que promovem padrões inatingíveis de beleza e sucesso, levando muitos a sentirem-se inadequados diante da expectativa de corresponder a essas imagens artificiais.

A psicanálise sugere que essa busca incessante por uma imagem idealizada gera um profundo vazio emocional. O indivíduo se vê constantemente tentando ser alguém que, na realidade, não é, o que resulta em uma sensação de alienação de si mesmo. Essa desconexão entre o *"eu real"* e o *"eu ideal"* cultivado online pode levar a transtornos emocionais, como ansiedade e depressão, já que a pessoa sente que sua verdadeira identidade não é suficiente para o mundo.

Além disso, o ambiente virtual cria uma distorção da realidade que molda nossa percepção de normalidade e felicidade. A maioria das postagens retrata apenas os *"momentos de destaque"* da vida de alguém, criando uma versão amplamente editada e altamente seletiva da realidade. Esse *"highlight reel"* oferece a ilusão de que os outros levam vidas perfeitas, repletas de realizações e felicidade constante. Essa comparação silenciosa, mas constante, faz com que o espectador sinta que seu próprio cotidiano é monótono e insuficiente.

Essa combinação entre a pressão para manter uma imagem ideal e a distorção da realidade representa um impacto psíquico significativo para o desenvolvimento emocional, especialmente em jovens, que ainda estão construindo sua identidade e autoestima. O ciclo de comparação e inadequação limita o contato com o próprio *"eu"*, promovendo uma busca interminável por validação externa em vez de autoaceitação, o que pode ter efeitos profundos e duradouros na saúde mental e no desenvolvimento de uma identidade autêntica e saudável.

6. Ciclo de Feedback Negativo

O feedback negativo nas redes sociais pode se manifestar de várias formas: desde críticas diretas e comentários maldosos até casos mais graves de cyberbullying. A exposição a comentários negativos pode ter um efeito devastador na autoestima e aumentar a insegurança. Em adolescentes, em especial, a crítica nas redes pode ser sentida como uma rejeição social pública, algo que intensifica o sofrimento emocional. Além disso, o anonimato nas redes sociais permite que as críticas sejam mais cruéis e impessoais, o que agrava a sensação de vulnerabilidade e isolamento. O ciclo de feedback negativo cria uma dinâmica de reforço contínuo de sentimentos de inadequação, levando à baixa autoestima, ansiedade social e, em casos mais graves, depressão.

7. Navegando em Terrenos Perigosos

Com habilidades digitais avançadas, os adolescentes conseguem explorar espaços virtuais que não foram projetados para a sua faixa etária, sendo expostos a conteúdos violentos, sexualizados ou até perigosos para sua saúde mental. Além disso, a anonimidade da internet permite que adultos mal-intencionados se aproveitem dessa vulnerabilidade, assumindo perfis falsos ou se infiltrando em jogos e redes sociais fingindo serem adolescentes. Esse fenômeno, muitas vezes denominado *"grooming"*, envolve a manipulação emocional e psicológica dos jovens, com o intuito de ganhar sua confiança e, eventualmente, tirar proveito dessa relação. O impacto desse tipo de interação pode ser devastador para o adolescente. Ao se deparar com situações de exploração ou decepção profunda, ele não apenas perde a confiança em seu ambiente digital, mas também na própria sociedade. A sensação de desilusão pode levar a uma paralisia emocional, dificultando o processo natural de amadurecimento e desenvolvimento de uma autoestima saudável.

Monitoramento e Proteção

Com o impacto crescente das redes sociais sobre os adolescentes, o papel dos pais torna-se cada vez mais crucial para proteger seus filhos dos perigos digitais. A internet oferece inúmeras possibilidades de aprendizado e conexão, mas também expõe os jovens a conteúdos e situações inadequados para sua fase de desenvolvimento. Nesse sentido, é essencial que os pais adotem uma postura ativa e protetora, assegurando que os adolescentes naveguem de forma segura e equilibrada.

Enquanto no mundo real os pais frequentemente limitam a liberdade dos filhos, monitorando e supervisionando suas atividades devido a preocupações com segurança, essa mesma atenção muitas vezes não é transferida para o ambiente virtual. Essa *"subproteção"* no mundo digital resulta em uma exposição precoce dos adolescentes a conteúdos adultos e potencialmente prejudiciais. Por isso, é essencial que os pais entendam a importância de acompanhar de perto a vida online de seus filhos, estabelecendo diálogos abertos e limites claros sobre o uso das redes. Essa abordagem pode não só proteger os jovens, mas também guiá-los para um uso mais consciente e saudável da internet.

Há uma linha tênue entre monitorar e invadir a privacidade, e compreender essa diferença é crucial para criar um equilíbrio saudável na relação com o adolescente. Monitorar envolve acompanhar de forma cuidadosa e respeitosa o uso das redes sociais, garantindo que os filhos estejam seguros, enquanto a invasão de privacidade ocorre quando os pais ultrapassam limites e invadem o espaço pessoal do adolescente sem necessidade.

O monitoramento pode incluir verificar o histórico de navegação de tempos em tempos ou usar ferramentas de bloqueio para impedir o acesso a conteúdo inapropriados. Um exemplo prático seria o uso de aplicativos que limitam o tempo de uso em determinados sites ou redes sociais, ou que alertam sobre tentativas de acesso a páginas perigosas. Outra forma de monitorar é conscientizar os adolescentes sobre os perigos da rede, compartilhando notícias e fatos reais que ilustrem como esses riscos são concretos e vão além da superproteção dos pais. A intenção não é gerar medo, mas sim aproximar o adolescente da realidade, trazendo informações adequadas à sua maturidade. Notícias sobre golpes virtuais ou sobre adultos que se passam por adolescentes online são formas eficazes de reforçar a importância de não compartilhar informações íntimas e de ter cautela com estranhos ou amigos exclusivamente virtuais. Esse tipo de abordagem permite ao adolescente compreender que as ameaças virtuais não são apenas teóricas, mas fazem parte do mundo em que vivem. Ao ouvir sobre esses casos reais, os jovens podem começar a refletir sobre sua própria segurança online de maneira mais crítica e responsável, percebendo que a internet não é um território isento de riscos.

Por outro lado, a invasão de privacidade ocorre quando os pais entram em perfis pessoais dos filhos sem permissão, leem mensagens privadas ou vigiam cada passo nas redes sociais sem que haja uma conversa prévia sobre isso. Um exemplo disso seria pegar o telefone do adolescente e vasculhar suas conversas em aplicativos de mensagens ou redes sociais sem aviso, ou instalar aplicativos de rastreio e cópia de mensagens no celular do adolescente, sem seu consentimento. Esse tipo de comportamento pode gerar desconfiança e distanciar o jovem, além de não contribuir para a construção de uma relação de confiança e diálogo.

Monitorar com diálogo e transparência fortalece o vínculo e ajuda os adolescentes a desenvolverem uma relação saudável com a internet e as redes sociais, enquanto a invasão de privacidade pode gerar frustração, ressentimento e isolamento. A chave é encontrar o equilíbrio entre garantir a segurança e permitir que o adolescente tenha espaço para explorar, aprender e crescer online, com o suporte e a orientação dos pais.

Formas Indiretas de Proteção e Cuidado

Cuidar da segurança dos adolescentes nas redes sociais pode parecer um grande desafio, mas não precisa envolver vigilância constante. Como pais, muitas vezes nos sentimos sem saída, tentando proteger nossos filhos sem invadir seu espaço. Não é possível retirar o adolescente da realidade virtual, porém é possível seguir caminhos mais seguros para equilibrar a exposição e as consequências dela. A seguir, proponho algumas estratégias que podem ajudar você, leitor, a proteger e orientar os adolescentes.

1. Observar de Forma Atenta e Discreta

O adolescente tende a se identificar fortemente com seus modelos de referência, muitas vezes influenciados por figuras online, como influenciadores digitais. Por isso, é fundamental que os pais observem seus filhos de maneira ampla, prestando atenção às mudanças sutis que possam ocorrer. Notar novas linguagens, comportamentos ou atitudes adotadas pelos adolescentes pode fornecer uma visão mais clara das influências que eles estão absorvendo e de como essas influências impactam seu desenvolvimento. Além disso, é importante que os pais pesquisem quem são esses influenciadores, entendendo que tipo de conteúdo transmitem e quais valores estão por trás dessas figuras. Ao fazer uma avaliação cuidadosa, os pais podem ponderar se essas influências estão contribuindo de maneira positiva ou negativa para o crescimento pessoal e emocional do adolescente. Esse processo de investigação ajuda a criar uma base sólida para conversas mais abertas e reflexivas sobre os conteúdos consumidos online.

Exemplo: Se o adolescente começar a imitar falas ou comportamentos de um criador de conteúdo, em vez de criticar diretamente, os pais podem refletir sobre os valores que estão sendo transmitidos. Uma maneira de iniciar o diálogo é perguntar: *"Percebi que você gosta muito desse influenciador. O que você mais admira nele?".* Essa forma de conversa permite que o jovem expresse suas ideias e sentimentos sem se sentir julgado. Os pais, já tendo pesquisado sobre o influenciador, podem contribuir para a reflexão, contrapondo ideias ou até sugerindo outros influenciadores que transmitem valores mais alinhados com o que consideram positivo. Isso abre a possibilidade para o jovem ampliar suas referências e descobrir novas fontes de identificação, sem sentir que suas preferências estão sendo desvalorizadas ou rejeitadas.

2. Demonstrar Interesse Sem Ser Invasivo

Mostrar interesse no que o adolescente está fazendo no celular ou no computador pode abrir portas para conversas significativas e fortalecer o vínculo familiar. Porém, é essencial que esse interesse seja demonstrado de forma leve e não invasiva, para que o jovem não sinta que está sendo vigiado ou controlado. Muitos pais, exaustos por conta de suas rotinas e responsabilidades diárias, podem acabar deixando o adolescente passar muito tempo sozinho, imerso em suas atividades digitais. Embora seja importante respeitar a necessidade de privacidade e independência do jovem, é igualmente crucial cultivar um interesse genuíno no que ele faz, de forma a manter uma conexão ativa com essa fase tão importante de desenvolvimento.

Exemplo: Ao invés de perguntar diretamente *"Com quem você está falando?"* ou *"O que você está jogando?"*, os pais podem se envolver de maneira mais natural, pedindo ao adolescente para ensinar o jogo que ele está jogando ou explicar como ele funciona. Essa abordagem não só cria uma conexão genuína, mas também permite que os pais aprendam mais sobre a vida digital de seus filhos, sem que eles sintam que estão sendo monitorados ou julgados.

Esse interesse, além de mostrar que os pais estão presentes e disponíveis, também pode servir como uma porta de entrada para outras conversas sobre temas que muitas vezes os adolescentes relutam em compartilhar. Ao demonstrar que estão abertos e interessados no que o adolescente faz, sem pressões ou críticas, os pais criam um ambiente de confiança, onde o jovem se sente mais à vontade para compartilhar suas experiências e dúvidas.

3. Compartilhar o Mesmo Espaço

Os adolescentes tendem a querer se isolar em seu próprio mundo, muitas vezes rejeitando sugestões dos pais, que podem parecer antiquadas ou *"caretas"*. Esse impulso faz parte do desenvolvimento natural, onde o jovem busca explorar sua identidade e autonomia. No entanto, isso não significa que os pais devem se afastar por completo. É essencial que busquem estratégias que incentivem o compartilhamento de momentos juntos, mesmo que o adolescente relute.

Winnicott afirmava a importância de *"estar só na presença de alguém"*, referindo-se à necessidade humana de sentir-se acompanhado e validado, mesmo em momentos de aparente isolamento. Isso acontece também com os adolescentes, de forma semelhante ao que ocorre por volta dos dois anos de idade, quando a criança brinca, mas busca o olhar dos pais como uma forma de validação. Na adolescência, vivemos uma reedição desse processo: o jovem busca se isolar, mas continua precisando da presença dos pais como apoio silencioso.

Exemplo: Enquanto o adolescente navega nas redes sociais ou joga, os pais podem estar no mesmo cômodo, lendo um livro ou trabalhando no computador. Essa presença silenciosa pode ser o suficiente para que o adolescente se sinta acolhido e apoiado, sem a sensação de controle ou invasão. Criar essa convivência física dá ao jovem a segurança de que ele pode contar com o olhar atento dos pais, mesmo quando parece que não precisa. E, caso algo desconfortável ou preocupante ocorra no ambiente digital, ele pode se sentir mais inclinado a falar sobre isso, sabendo que os pais estão por perto, prontos para ouvir.

4. Negociar e Respeitar

Na adolescência, é comum que os jovens sejam mais reativos e resistam a regras impostas de forma rígida. Nesse cenário, os pais precisam adotar estratégias que aproximem, em vez de afastar, seus filhos. A imposição de limites, sem diálogo, raramente funciona e, muitas vezes, causa frustração e distanciamento. Por isso, a habilidade de negociar se torna essencial. Mais do que ditar o que deve ser feito, é importante envolver o adolescente na criação das regras, mostrando que, embora ele esteja em um processo de amadurecimento e maior autonomia, ainda faz parte de um ambiente familiar no qual há responsabilidades compartilhadas.

Negociar não significa ceder a tudo, mas sim buscar um equilíbrio onde o adolescente participa ativamente das decisões. Uma maneira de tornar essa negociação mais leve é trazer um tom lúdico para as conversas. Ao criar um ambiente de cooperação, os pais podem sugerir soluções de forma criativa, quase como se estivessem resolvendo desafios em equipe.

Exemplo: Os pais podem permitir o uso das redes sociais, com a condição de que eles também façam parte desse espaço, mas com regras bem definidas para que o adolescente não se sinta exposto. Por exemplo, podem seguir o filho nas redes, mas sem curtir ou comentar nas postagens, a menos que seja algo previamente acordado. Dessa forma, o jovem sente que sua privacidade está sendo respeitada, enquanto os pais ainda conseguem monitorar de maneira discreta.

Durante uma negociação, os pais podem propor que, caso o adolescente cumpra o tempo acordado de uso das redes e seja responsável em suas tarefas, ele ganhe mais liberdade em decisões sobre outros aspectos da rotina, como escolher atividades familiares ou ter maior flexibilidade no fim de semana. Dessa forma o adolescente sente que sua voz está sendo ouvida e suas ações têm consequências positivas.

Também é crucial que os pais respeitem os limites do adolescente nas redes sociais para evitar constrangimentos. Muitas vezes, o simples ato de comentar em uma postagem pode ser visto como invasivo. Se houver algo, a abordagem ideal é conversar em particular, sem críticas públicas que possam gerar desconforto. **Exemplo:** Se os pais virem uma postagem que os preocupa, em vez de comentar ou criticar publicamente, podem chamar o adolescente para uma conversa privada e perguntar: *"Notei sua postagem e fiquei curioso. Gostaria de entender melhor o que você quis dizer com isso".* Esse tipo de diálogo abre espaço para conversas sem causar constrangimento ou conflitos desnecessários.

5. Diversificar Atividades fora do Ambiente Digital

Em um mundo cada vez mais digital, é essencial que os adolescentes tenham a oportunidade de se engajar em atividades fora do ambiente online, não por imposição, mas por incentivo genuíno. A conexão com o mundo real oferece um equilíbrio fundamental, tanto para o desenvolvimento emocional quanto para a socialização saudável, ajudando a evitar o excesso de tempo em frente às telas.

A chave para diversificar essas atividades está em oferecer alternativas interessantes e envolventes, que dialoguem com os interesses do adolescente. A ideia não é *"substituir"* o tempo online, mas sim mostrar que existem outras formas enriquecedoras de se conectar com o mundo, consigo mesmo e com os outros.

Exemplo: Propor atividades em família, como caminhadas ao ar livre, trilhas, ou passeios de bicicleta, pode ser uma maneira divertida e relaxante de se desconectar. Projetos criativos, como cozinhar juntos ou construir algo manualmente, podem incentivar o adolescente a explorar outros tipos de habilidades e interações. A participação dos pais nessas atividades também reforça o vínculo familiar, criando memórias positivas que vão além das telas.

Além disso, os pais podem explorar hobbies ou talentos que despertem o interesse dos adolescentes. Se o jovem tem inclinações artísticas, por exemplo, sugerir aulas de música, pintura, ou fotografia pode ser um estímulo para que ele se envolva em algo que lhe traga satisfação. Se o interesse for voltado para esportes, encorajá-lo a praticar uma atividade física, seja em grupo ou individual, pode proporcionar não só benefícios físicos, mas também uma válvula de escape para o estresse.

Essas atividades não devem ser vistas como *"obrigações"* impostas para reduzir o tempo de tela, mas como oportunidades que ampliam o horizonte do adolescente. Ao experimentar novas formas de interação no mundo offline, os jovens podem descobrir interesses e paixões que, de outra forma, poderiam passar despercebidos.

Exemplo: Se um adolescente gosta de design ou tecnologia, os pais podem sugerir a criação de um projeto offline, como desenhar e montar um objeto, criar algo artesanal ou até desenvolver um robô. Isso permite que ele use suas habilidades digitais em um ambiente físico, explorando novas formas de expressão.

O equilíbrio entre o online e o offline surge a partir de um envolvimento genuíno com experiências que fazem sentido para o jovem, permitindo-lhe construir uma vida rica e diversificada em todas as esferas.

6. Educar Pelo Exemplo

Educar é um dos maiores desafios que enfrentamos, especialmente porque é um aprendizado constante, tanto para os pais quanto para os filhos. Quando nos dedicamos ao desenvolvimento de uma criança, estamos sempre atentos ao que fazemos e dizemos, buscando proteger e guiar com cuidado. Na adolescência, essa mesma sensibilidade precisa continuar. Embora seja uma fase marcada por descobertas e influências externas, o lar permanece como um porto seguro, onde o adolescente busca referências, ainda que de maneira silenciosa.

Nesta fase, os adolescentes podem parecer distantes, imersos em seus mundos virtuais e nas redes sociais, mas eles continuam observando atentamente o que acontece ao seu redor. A forma como lidamos com a tecnologia, como equilibramos nossas vidas online e offline, e como priorizamos as interações pessoais, são lições que eles absorvem mesmo sem perceber. E é aqui que, como pais, temos a oportunidade de mostrar, através de nossas ações, que o estar presente é muito mais do que estar fisicamente ao lado.

Às vezes, em meio ao cansaço e às demandas do dia a dia, podemos nos ver automaticamente imersos em nossos celulares, seja respondendo e-mails, lendo notícias ou apenas navegando sem rumo. No entanto, é nesses pequenos momentos que podemos fazer a diferença. Ao desligar o celular ao chegar em casa, ao sentar-se ao lado do filho sem distrações, você mostra a ele que estar presente de verdade é uma escolha intencional, um ato de amor. Isso não é apenas sobre controle digital, é sobre criar um espaço de acolhimento, onde o adolescente sente que é visto, mesmo que não diga nada.

Exemplo: Imagine chegar em casa, guardar o celular na bolsa ou deixá-lo em outro cômodo, e simplesmente perguntar ao seu filho como foi o dia, sem pressa, sem distração. Talvez ele não se abra imediatamente, mas essa atitude cria um ambiente onde ele sabe que pode contar com sua presença. Esses pequenos gestos acumulados constroem uma ponte sólida, mostrando que, embora o mundo digital seja atraente, nada substitui a presença calorosa e atenta de quem se importa.

Exemplo: Propor um *"dia de desconexão"* em família, onde todos, incluindo os pais, deixam os dispositivos de lado e se dedicam a uma atividade conjunta, pode ser um gesto poderoso. Não precisa ser algo grandioso – pode ser um passeio pelo parque, ou até mesmo uma tarde de jogos de tabuleiro. O que importa é o tempo de qualidade, a sensação de que, naquele momento, nada é mais importante do que estar ali, compartilhando experiências. Esse tipo de atividade não só reforça o vínculo, mas também mostra que a tecnologia tem seu lugar, mas que existem outras formas igualmente ricas de viver e se conectar.

Ao nos esforçarmos para estar presentes e verdadeiramente conectados com eles, estamos lhes ensinando, pelo exemplo, que o mais importante é o contato humano, o cuidado, e o tempo de qualidade que passamos juntos. Educar pelo exemplo é, no fundo, um ato de amor que transcende palavras. É mostrar, nas ações do dia a dia, que eles são prioridade, que sua presença é valiosa, e que, no final das contas, estar junto de verdade é o que mais importa.

7. Aliança Escola, Comunidade e Família

Reformas conjuntas, que envolvem a escola, a comunidade e as famílias, são cada vez mais essenciais para promover o desenvolvimento saudável de adolescentes em um mundo onde a realidade virtual faz parte do cotidiano. Sabemos que o uso excessivo de tecnologia está associado ao aumento de ansiedade e depressão, especialmente entre os jovens, o que torna fundamental a criação de estratégias para um uso mais saudável e equilibrado. O Ministério da Educação no Brasil recentemente aprovou diretrizes para limitar o uso de celulares nas escolas, um exemplo que ilustra a importância de uma abordagem comunitária. Contudo, essas medidas só podem ter um impacto real quando alinhadas com os valores estabelecidos pela família e fortalecidas pela comunidade.

Ao considerar o impacto do uso irrestrito da tecnologia, é recomendável que adolescentes tenham acesso ao celular com restrições até os 14 anos e que o uso de redes sociais seja introduzido de forma mais consciente a partir dos 16. No entanto, é difícil que apenas uma família ou uma escola consiga aplicar essas mudanças sozinha, pois o contexto social no qual o adolescente está inserido exerce forte influência. Se apenas um adolescente é restringido enquanto seus colegas usam livremente, a sensação de exclusão é quase inevitável, e ele pode se ver tentado a transgredir os limites impostos.

Portanto, o engajamento coletivo torna-se crucial: uma aliança entre famílias, escolas e a comunidade local pode criar um ambiente onde o acesso digital seja monitorado e equilibrado para todos, promovendo uma experiência mais harmoniosa para os jovens. Em vez de buscar culpados, é importante que as famílias e educadores trabalhem juntos em soluções práticas e acessíveis, promovendo atividades que estimulem a socialização e o desenvolvimento pessoal. A escola pode, por exemplo, implementar programas de socialização e atividades extracurriculares que incentivem o engajamento em esportes, clubes de leitura, arte ou música, substituindo o tempo de tela por experiências enriquecedoras e promotoras de habilidades interpessoais.

Além disso, projetos em conjunto com a comunidade podem reforçar esses valores, criando espaços de convivência seguros e promovendo eventos ou atividades para adolescentes. Parcerias com organizações locais, ONGs ou projetos sociais que incentivem práticas esportivas, artísticas e culturais são algumas alternativas que oferecem aos jovens a possibilidade de interagir fora das redes e do ambiente digital.

A construção de uma rede de suporte ampla, em que a comunidade e a escola sejam extensões dos valores familiares, torna-se essencial para fortalecer esses ideais e permitir que o uso da tecnologia aconteça de forma mais equilibrada e consciente. É uma questão de saúde coletiva e de responsabilidade compartilhada, pois, à medida que o mundo virtual se torna mais presente e atrativo, com o advento de óculos de realidade virtual e inteligência artificial, é ainda mais urgente uma conscientização que prepare os jovens para fazer escolhas saudáveis, desenvolvendo sua capacidade de desconectar-se e envolver-se com o mundo real de maneira saudável.

8. Buscar Ajuda:
Um Ato de Coragem e Acolhimento Emocional

Educar um filho é um caminho cheio de desafios, e, por mais que tentemos acertar, há momentos em que nos sentimos sem recursos. A sensação de esgotamento, de falta de paciência, ou até de frustração por não saber como agir, é comum. Muitas vezes, tentamos de tudo e ainda assim nos deparamos com nossas próprias limitações. Nesses momentos, buscar ajuda não é sinal de fracasso, mas um gesto de profunda coragem e de amor – tanto por nós mesmos quanto por nossos filhos.

O processo de educar traz à tona questões que, por vezes, estão enraizadas em nossa própria história. A psicanálise nos ensina que, ao longo da vida, repetimos padrões familiares, muitas vezes de maneira inconsciente. O modo como lidamos com conflitos, com frustrações e até com os afetos dos nossos filhos, muitas vezes ecoa o que vivemos na nossa própria infância. Quando nos vemos diante de comportamentos difíceis dos nossos filhos, somos, por vezes, levados de volta às nossas próprias dores – aquelas que, talvez, nem tenhamos conseguido nomear na época.

Reconhecer que esse movimento interno acontece é um primeiro passo para quebrar ciclos e padrões familiares que podem não ser saudáveis. Estar em terapia, especialmente no contexto psicanalítico, nos ajuda a olhar para essas repetições com mais clareza, a questionar as respostas automáticas que damos e, com isso, encontrar novas formas de agir. A terapia nos oferece um espaço seguro para revisitar essas feridas, compreender de onde elas vêm e, a partir daí, construir novas maneiras de nos relacionarmos com nossos filhos e com nós mesmos, sem cairmos nas armadilhas do passado.

Exemplo: Ao se deparar com um conflito recorrente com o filho adolescente – talvez uma dificuldade em estabelecer limites ou em lidar com a raiva dele –, você pode perceber que a forma como reage remete às experiências que teve com seus próprios pais. Talvez as mesmas palavras ou atitudes que recebeu na infância estejam sendo repetidas agora, de forma quase inconsciente. A análise oferece a possibilidade de identificar esses ciclos e transformá-los, ajudando a criar um ambiente familiar mais acolhedor e menos reativo.

Por outro lado, também pode chegar o momento em que percebemos que nossos filhos precisam de um suporte emocional que não podemos oferecer sozinhos. Assim como nós, eles enfrentam desafios, inseguranças e medos que, às vezes, ultrapassam nossas tentativas de ajudá-los. Reconhecer isso e buscar ajuda profissional para nossos filhos, seja em sessões de terapia individual ou em grupos de apoio, é um ato de cuidado e amor. Isso não diminui nosso papel como pais, mas demonstra um compromisso com o bem-estar emocional deles.

Exemplo: Se o adolescente começa a apresentar sinais de isolamento, comportamento agressivo ou uso excessivo da internet, esses podem ser sinais de que ele está lidando com questões internas que precisam ser elaboradas. Sugerir a terapia pode oferecer ao jovem um espaço seguro para explorar seus sentimentos, compartilhar suas preocupações e encontrar formas mais saudáveis de lidar com suas emoções. Além disso, a terapia pode ajudar o adolescente a entender e integrar suas próprias vivências, sem a necessidade de recorrer ao mundo digital como fuga.

Buscar ajuda, tanto para nós quanto para nossos filhos, não é apenas uma forma de enfrentar crises imediatas, mas uma maneira de fortalecer as bases emocionais da família. A psicanálise nos mostra que, ao nos conhecermos melhor, temos a chance de interromper padrões destrutivos e criar formas de viver e de nos relacionar. Ao buscar apoio, estamos dizendo, em essência, que não precisamos enfrentar tudo sozinhos, e que o cuidado consigo mesmo e com o outro é um valor que merece ser cultivado.

Educar, em última instância, é um ato de construção contínua. Assim como os filhos, os pais também estão em processo de desenvolvimento e amadurecimento. A coragem de olhar para nossas próprias feridas e de buscar apoio quando necessário é, na verdade, um dos maiores presentes que podemos oferecer à nossa família.

A tecnologia veio para ficar, e seu impacto na vida de todos nós é inegável. No entanto, é fundamental que nós, adultos, reconheçamos que ainda estamos aprendendo a lidar com ela. Essa ferramenta, tão nova em nossa história, requer cuidados que talvez ainda não compreendemos por completo. O uso excessivo do celular e das redes sociais, especialmente em crianças e adolescentes, pode ter consequências a longo prazo que ainda desconhecemos plenamente.

Vivemos em uma era de exaustão, em que estamos constantemente sobrecarregados por listas intermináveis de tarefas e responsabilidades.

E, em meio a esse cenário, permitir que nossos filhos fiquem nas telas nos traz uma sensação momentânea de alívio. Eles ficam quietos, imóveis, absorvidos em um mundo digital que os cativa. Porém, não podemos esquecer que tanto a infância quanto a adolescência são fases que demandam nossa atenção, energia e cuidado constantes. Essas são etapas de movimento, de barulho, de descobertas e de caos – tudo aquilo que o uso excessivo da tecnologia impede de acontecer.

Educar é um desafio complexo que exige investimento emocional e dedicação. Não é simples criar e orientar uma nova vida, mas é necessário estar presente, inteiros na relação com nossos filhos. E isso significa não cair na tentação de silenciar o que é natural e saudável. O barulho, a inquietude, as perguntas e as birras fazem parte do desenvolvimento. São sinais de vida, de crescimento. Por mais difícil que seja, devemos resistir ao impulso de calar esses movimentos com a facilidade que o uso de dispositivos traz.

A tecnologia tem seu espaço, mas os momentos de atenção verdadeira e conexão humana são insubstituíveis. Que possamos usar as telas com consciência, mas sempre lembrando que a presença ativa e atenta dos pais é o alicerce mais importante na vida de uma criança e de um adolescente.

Capítulo IX

A Pressão pelo Sucesso

"Se eu me entenderia se me tirassem os defeitos, cortaria minhas fraquezas, seria um outro alguém, mas esse ser não seria eu. Seria talvez uma versão mais forte, mas menos humana."

Clarice Lispector

"Desde criança, nunca perdi nada. Eu ganho todos os jogos, disputo tudo, até comida. Não descanso, todo dia é uma nova competição, uma nova vitória, mas sabe que às vezes, eu me pergunto como seria viver a tristeza de não ganhar, me sinto muitas vezes sufocado, cansado ... talvez a maior vitória seja parar e apenas respirar"

Nos dias de hoje, o conceito de sucesso se entrelaça profundamente com a construção da identidade dos jovens. A crescente pressão para se destacar – seja no desempenho acadêmico, nas conquistas esportivas, nas redes sociais ou em qualquer outra esfera – não é apenas um reflexo da sociedade moderna, mas um elemento central na forma como o adolescente se percebe e é percebido. Esse sucesso idealizado não atua apenas como meta externa, mas influencia diretamente o modelo de *"eu ideal"* que o jovem desenvolve, moldando tanto sua autoestima quanto sua relação consigo mesmo e com o mundo.

Originalmente, o termo *"sucesso"* era um termo neutro, significando apenas o resultado de uma ação, porém, ao longo da história, especialmente após a Revolução Industrial, passou a carregar significados ligados ao acúmulo de status, bens e validação pública. No mundo contemporâneo, essas expectativas foram amplificadas pelas redes sociais, onde o sucesso se tornou tangível em números: curtidas, seguidores e visualizações. Esse modelo de validação pública molda o que o jovem considera desejável e essencial, criando um ideal muitas vezes inatingível que define seu valor e sua identidade.

A busca pelo sucesso, nesse contexto, ultrapassa a simples ambição e se transforma em um alicerce central na construção da identidade. Mais do que uma meta a ser alcançada, o sucesso se torna um prisma através do qual o jovem interpreta o mundo, seus valores e a própria existência. Na contemporaneidade, ele assume um papel determinante, influenciando não apenas os ideais que os jovens aspiram, mas também a forma como se percebem e desejam ser reconhecidos.

Esse movimento vai além das conquistas externas, enraizando-se nas dinâmicas internas que moldam o *"eu ideal"*. Para compreender como essas dimensões se conectam e influenciam a formação do jovem, é essencial mergulhar mais profundamente no processo de construção da identidade, explorando o papel fundamental do *"eu ideal"* nessa jornada de crescimento e transformação.

O Processo de Construção da Identidade

A construção da identidade é um processo que começa na primeira infância e segue em constante movimento ao longo de toda a vida. Nascemos como um organismo dependente, e é no contato com o ambiente e com figuras de cuidado que a identidade começa a ganhar forma. Essa formação inicial é determinada pela qualidade do vínculo com os cuidadores, pelo ambiente e, sobretudo, pelo afeto. Winnicott, por exemplo, em seus estudos sobre a psique humana, observou que bebês durante a guerra que não recebiam contato afetivo de seus cuidadores, ainda que fisicamente cuidados, não sobreviviam. Esse fenômeno reforça a ideia de que a presença humana afetuosa é fundamental para a construção do self e para o desenvolvimento emocional. Winnicott também nos apresenta o conceito de *"mãe suficientemente boa"*, ou seja, aquela que, ao sintonizar-se com as necessidades emocionais do bebê, oferece uma base segura para que ele explore o mundo e construa sua identidade. Nesse ambiente facilitador, o bebê experimenta uma relação na qual se sente reconhecido, o que permite a construção de uma sensação de continuidade e estabilidade que será fundamental para sua saúde psíquica.

Freud, em seus estudos, formulou que a identidade é estruturada pelo id (nossos desejos e impulsos), pelo ego (o eu consciente que lida com a realidade) e pelo superego (as normas, valores e ideais internalizados). A vida humana, então, se constitui em um processo de equilíbrio entre essas instâncias, onde o ego constantemente negocia entre os desejos do id e as exigências do superego. Essa construção, que já é complexa na infância, torna-se ainda mais intensa na adolescência, período de grande transformação e busca por um sentido de si mesmo.

Erik Erikson, um dos teóricos que ampliou o pensamento psicanalítico sobre identidade, descreveu a vida como um ciclo de desenvolvimento em etapas, em que cada fase traz um desafio específico. Na adolescência, o desafio central é a *formação da identidade versus a confusão de papéis*. Nesse período, o jovem busca integrar seus valores, referências e desejos em uma identidade coerente, que guiará suas decisões e escolhas. Para Erikson, esse processo é natural e essencial, mas pode ser desestabilizador, pois envolve questionamentos e a experimentação de papéis sociais.

Mais recentemente, teóricos como Daniel Stern acrescentaram que a identidade se constroi também nas interações cotidianas, no que ele chama de *"momentos de encontro"*. Esses momentos são interações significativas que ajudam a moldar a percepção de si mesmo e do outro. Stern enfatiza que a construção do self não se dá de uma vez só, mas é feita de pequenos momentos que são integrados ao longo da vida.

Assim, a identidade pode ser vista como uma construção contínua, onde estamos sempre agregando novas camadas de experiência. Apesar de sempre em transformação, ela também se ancora nas primeiras experiências, que servem como base segura. Esse movimento de expansão e reestruturação é particularmente intenso na adolescência, fase em que o jovem não apenas lida com mudanças internas, mas também com a integração de uma realidade social mais complexa. Nesse contexto, o papel de pais, educadores e cuidadores é fundamental, criar um ambiente seguro e acolhedor, que ofereça modelos de identificação e ao mesmo tempo respeite a singularidade do jovem, é crucial para que ele possa construir uma identidade saudável e se reconhecer nas suas várias dimensões, sem abrir mão dos valores e da autenticidade que o sustentam.

Assim, como sugerem os estudos contemporâneos, a construção da identidade é, em última instância, uma integração entre o passado e o presente, uma dança entre o eu e o outro, onde vamos nos conhecendo e recriando, enquanto permanecemos fiéis às bases que nos formaram.

O Eu Ideal e a Psicanálise

A psicanálise, desde seus primórdios com Freud, explora a complexidade da construção da identidade e os mecanismos psíquicos que moldam nosso modo de ser e de nos relacionar. Um conceito central nesse processo é o *"Eu ideal"* (ou *"Ideal do Eu"*), uma imagem idealizada de quem o sujeito gostaria de ser formada a partir de influências externas – como os valores da família, cultura e expectativas sociais – e de desejos inconscientes internos. Essa figura ideal é uma espécie de norte para o desenvolvimento pessoal, mas muitas vezes se apresenta como uma meta inalcançável, pois é construída sobre projeções e idealizações do outro.

Freud introduziu o conceito de *"Eu ideal"* nas suas teorias sobre o desenvolvimento do ego, apresentando-o como uma força interna que guia o sujeito e ao mesmo tempo o desafia. No entanto, foi Lacan quem trouxe uma nova perspectiva ao explorar o *"estádio do espelho"*. Nessa fase, segundo Lacan, o bebê se vê no espelho e começa a identificar-se com uma imagem idealizada, um *"eu"* que aparenta unidade e completude, mas que contrasta com sua própria experiência fragmentada e incompleta. Lacan descreve essa identificação como um momento crucial: o sujeito se enxerga não apenas como ele mesmo, mas também como o *"outro"* – aquele que observa e valida essa imagem ideal. Essa imagem internalizada se torna uma meta inatingível, uma busca por uma unidade perfeita que nunca será completamente alcançada, pois é moldada pelo olhar e pela expectativa do outro.

Essa busca por um *"eu idealizado"* revela o desejo de preenchimento, mas também de aprovação, reconhecimento e pertencimento. Como coloca Lacan, o sujeito está preso a uma *"falta"* estrutural – uma condição de incompletude que faz parte da experiência humana e que ele tenta preencher através da busca constante por esse *"Eu ideal"*. Essa busca muitas vezes é determinada pelo Supereu, a instância psíquica descrita por Freud que internaliza as regras, valores e normas sociais. O Supereu age como um juiz interno, impondo padrões de comportamento e regulando os desejos do sujeito. Para Freud, o Supereu representa uma voz autoritária que constantemente pressiona o sujeito a corresponder a expectativas e ideais perfeitos, levando-o a um ciclo de insatisfação e frustração. Como ele afirma em O Ego e o Id (1923): *"O Eu ideal exerce o poder do dever sobre o ego, impondo-lhe os valores internalizados do mundo externo"*.

Essa pressão do Supereu fica particularmente evidente na adolescência, uma fase em que o jovem se vê confrontado pela necessidade de formar uma identidade própria, mas também de corresponder às expectativas que o cercam – da família, da escola, dos amigos e, hoje, das redes sociais. As redes sociais, por exemplo, intensificam a pressão para alcançar um *"Eu ideal"* muitas vezes irreal e superficial, gerando um sentimento de inadequação e insuficiência. Como descreve o psicanalista Christopher Bollas, em *A Sombra do Objeto*, o adolescente é atraído pela *"promessa do ideal"* que a cultura oferece, mas sente uma *"sombra"* de frustração e perda cada vez que essa promessa falha, pois o *"Eu ideal"* oferecido pela cultura é inatingível e muitas vezes alienante.

Essa compreensão nos leva a uma questão crucial: como ajustar o *"Eu ideal"* para que ele seja alcançável, em vez de uma meta de perfeição inatingível? Essa é uma tarefa que envolve tanto o próprio adolescente quanto seu ambiente social. Pais, educadores e a comunidade têm um papel importante ao apoiar o jovem na construção de uma imagem de si que seja compatível com suas capacidades reais, permitindo espaço para o erro, a experimentação e o crescimento. Como Lacan enfatiza, reconhecer a *"falta"* e a impossibilidade de completude não é um fracasso, mas uma forma de alcançar a liberdade emocional. Aceitar essa *"falta"* significa abraçar a própria vulnerabilidade e humanidade.

Ao compreender que o *"Eu ideal"* é uma meta em constante transformação – e não uma linha de chegada definitiva –, o adolescente pode começar a se libertar da pressão de alcançar um estado de perfeição inatingível. Essa mudança de perspectiva permite que ele encontre satisfação nas pequenas conquistas cotidianas, construindo uma identidade sólida e autônoma, baseada em valores reais e internos, e não apenas no desejo de validação externa. Dessa forma, o *"Eu ideal"* deixa de ser um peso impossível de carregar e se torna um guia flexível, que acompanha e se adapta às mudanças do próprio sujeito. Esse processo é, em última instância, sobre aceitar que a vida é uma constante negociação entre o que somos e o que desejamos ser, entre a imagem que o outro projeta e a essência que descobrimos em nós mesmos.

Os Efeitos Psicológicos da Pressão pelo Sucesso

Entendendo que o sucesso se tornou um alicerce na construção do *"eu ideal"* e da identidade do adolescente, fica evidente como a pressão para alcançar o êxito afeta profundamente essa fase de vida. Os adolescentes que carregam essa intensa expectativa sentem os impactos psicológicos de maneira ampla e complexa. Em um período já repleto de desafios internos, a exigência de atender a padrões elevados de sucesso – seja no vestibular, no desempenho escolar, nas redes sociais ou na aprovação em grupos sociais – acrescenta uma sobrecarga emocional que pode facilmente se tornar insustentável, comprometendo o equilíbrio psíquico e o desenvolvimento saudável do jovem.

Estudos recentes apontam que essa pressão pelo sucesso está diretamente ligada ao aumento de transtornos de saúde mental entre jovens. A Organização Mundial da Saúde (OMS) revelou que os transtornos de ansiedade e depressão em adolescentes têm crescido substancialmente nos últimos anos. Um relatório da OMS de 2021 indicou que cerca de 16% dos adolescentes de 10 a 19 anos apresentam algum transtorno mental, sendo a depressão e a ansiedade os mais comuns. Esse aumento significativo está relacionado, em grande parte, às pressões da vida moderna e às expectativas de desempenho que recaem sobre os jovens, sejam essas expectativas impostas por fatores externos (sociedade, pais, redes sociais) ou internalizadas pelos próprios adolescentes.

Uma pesquisa conduzida pela Associação Americana de Psicologia (APA) também indicou que a *"pressão por sucesso acadêmico"* é uma das principais fontes de estresse entre os adolescentes. Segundo o levantamento, mais de 61% dos adolescentes relatam sentir altos níveis de estresse com relação ao futuro acadêmico e profissional, o que afeta diretamente seu bem-estar emocional. Muitos desses jovens sentem que o fracasso, mesmo que temporário, pode comprometer sua autoestima, levando a crises de ansiedade.

Além disso, a pressão por sucesso escolar, muitas vezes exacerbada pela competição acirrada para ingressar em universidades de prestígio, tem levado os adolescentes a extremos. Um estudo da Universidade de Stanford indicou que estudantes do ensino médio que enfrentam altos níveis de pressão acadêmica são mais propensos a desenvolver sintomas de exaustão emocional, desânimo e burnout. O fenômeno de *"burnout acadêmico"* – um estado de esgotamento físico e mental causado por exigências acadêmicas excessivas – tem se tornado comum entre adolescentes que se sentem constantemente pressionados a atingir um desempenho impecável em todas as áreas da vida.

A busca por um desempenho extraordinário pode levar ao aumento do uso de medicamentos prescritos como formas de *"ajuste"*, especialmente diante da tendência crescente de diagnósticos patologizantes, como discutido no Capítulo VI. Imagine um jovem que, pressionado a alcançar um rendimento acadêmico exemplar, começa a sentir cansaço, dificuldade de concentração, sono excessivo e, com isso, uma sensação de desmotivação ligada ao sentimento de *"falha"*. Esse quadro pode resultar em um diagnóstico de Transtorno de Déficit de Atenção combinado com depressão, o que frequentemente leva à indicação de medicamentos. Nesses casos, é comum que sejam prescritos estimulantes, como metilfenidato ou atomoxetina, para melhorar a concentração, enquanto antidepressivos, como ISRSs ou IRSNs, são sugeridos para aliviar a desmotivação e regular o sono. Esse *"ajuste"* medicamentoso, embora rápido, visa exclusivamente o retorno ao desempenho acadêmico esperado, silenciando os sintomas de forma imediata, sem explorar o contexto emocional e social que pode estar na raiz do sofrimento.

A cultura das redes sociais também contribui para intensificar essa pressão. Os adolescentes são constantemente expostos a imagens de sucesso e felicidade *"idealizados"*, que podem reforçar sentimentos de inadequação e fracasso pessoal. Uma pesquisa da Royal Society for Public Health (RSPH – 2021), no Reino Unido, mostrou que o uso intensivo de redes sociais, está diretamente relacionado ao aumento dos níveis de ansiedade, depressão e insatisfação corporal entre adolescentes. O estudo identificou que a constante comparação com influenciadores ou com amigos que aparentam ter uma vida perfeita cria um ambiente tóxico de competitividade, onde o valor pessoal é medido pela validação externa, como curtidas e seguidores.

A Falta de Espaço para o Fracasso

Outro aspecto fundamental é a forma como a sociedade contemporânea, e muitas vezes os próprios pais, não permite que os jovens experimentem o fracasso. Vivemos em uma cultura que valoriza a perfeição e o sucesso absoluto, promovendo a ideia de que qualquer erro é inaceitável ou irreparável. Muitos pais, com a intenção de proteger os filhos do sofrimento, acabam evitando que eles enfrentem frustrações naturais, seja substituindo-os em atividades que demandam esforço, seja resolvendo seus problemas antes mesmo que possam tentar. Embora bem-intencionadas, essas atitudes criam adolescentes que, ao chegarem na vida adulta, não sabem lidar com a rejeição ou com o fracasso, tornando-se emocionalmente frágeis e incapazes de enfrentar adversidades com resiliência.

A frustração e a capacidade de ouvir *"não"* são essenciais para o desenvolvimento emocional e psíquico. A psicanálise, especialmente nas contribuições de Donald Winnicott, nos oferece uma perspectiva rica sobre esse aspecto. Winnicott, ao elaborar a ideia de *"mãe suficientemente boa"*, mostrou que a frustração moderada, vivida na infância, é essencial para que a criança desenvolva autonomia e capacidade de lidar com a realidade. Quando a mãe (ou a figura de cuidado) não satisfaz imediatamente todas as necessidades da criança, ela cria um espaço para que a criança aprenda a suportar a frustração, desenvolva mecanismos de enfrentamento e encontre soluções por si mesma. Esse princípio se aplica diretamente à adolescência e à vida adulta. Quando o jovem não vivencia o fracasso ou a rejeição, ele perde uma oportunidade vital de rever suas próprias escolhas, atitudes e estratégias. O fracasso, longe de ser um evento devastador, é um campo fértil para o autoconhecimento e para o aprimoramento. Ninguém muda ou evolui na felicidade plena ou na satisfação absoluta. É o desconforto da falha que nos força a reavaliar nossos passos, ajustar comportamentos e encontrar novos caminhos para crescer.

O conceito de *"frustração criativa"*, abordado por Winnicott, sugere que é no enfrentamento das pequenas frustrações que a criança – e depois o adolescente – encontra seu verdadeiro eu. Se os pais não permitem que o jovem passe por essas experiências, eles o privam de uma oportunidade crucial de amadurecimento emocional. Assim, o jovem não só deixa de aprender a tolerar a frustração como também perde a chance de aprimorar seu trabalho, suas relações e seu próprio senso de quem ele é.

A cultura atual, ao enfatizar a gratificação instantânea e a facilidade de conquistas, cria a fantasia de que tudo pode ser alcançado sem esforço e que o fracasso não faz parte do processo de crescimento. Muitos adolescentes crescem com a ilusão de que podem ter tudo, e quando se deparam com a realidade – seja a rejeição de um estágio, a não aprovação no vestibular ou o término de um relacionamento –, sentem-se completamente despreparados para lidar com a dor, a perda e a frustração.

Ao enfrentar o fracasso e a rejeição de forma saudável, o adolescente aprende a ajustar seu *"Eu ideal"*, tornando-o mais realista e tangível. Entender que a vida não é feita de conquistas constantes, mas de altos e baixos, ajuda o jovem a desenvolver resiliência, uma qualidade indispensável para o bem-estar emocional a longo prazo.

Redescobrindo o Sucesso

O conceito de sucesso, em nossa cultura contemporânea, tornou-se uma busca incessante que muitas vezes descola das experiências subjetivas e das singularidades de cada indivíduo. Na psicanálise, porém, aprendemos que o alcance do desejo e a satisfação não estão necessariamente ligados à realização plena de metas, mas à forma como lidamos com a falta que nos move. Jacques Lacan, por exemplo, nos lembra que o desejo é sempre marcado pela incompletude, e é exatamente essa condição que nos impulsiona a criar, buscar e transformar. A satisfação, nesse sentido, não reside no cumprimento exato de um objetivo, mas na construção de um caminho que permita ao sujeito encontrar significado em suas escolhas.

Essa visão desloca o sucesso de um lugar rígido e externo para uma experiência que pode ser profundamente subjetiva e particular. O que satisfaz um jovem não será, necessariamente, o mesmo que satisfaz outro, pois a ideia de realização está diretamente ligada à história, aos valores e aos significados que cada um atribui às suas experiências. Donald Winnicott, com sua ênfase na importância do *"espaço potencial"*, reforça que é nesse espaço intermediário – entre a realidade externa e o mundo interno – que a criatividade floresce, possibilitando que o indivíduo encontre formas únicas de expressar e alcançar seus desejos.

Nessa perspectiva, o sucesso pode ser reinterpretado como um movimento criativo, no qual o sujeito se relaciona com suas próprias aspirações de maneira autêntica. Isso envolve não apenas lidar com as limitações e frustrações inevitáveis da vida, mas também encontrar satisfação no processo de tentar, errar e tentar novamente. A ideia de satisfação, assim, não é absoluta, mas se constrói a partir de pequenas conquistas e da capacidade de atribuir significado às experiências cotidianas, respeitando as singularidades de cada trajetória.

Como adultos, cabe a nós ajudar os jovens a navegar essa jornada, incentivando uma visão de sucesso que seja mais flexível, subjetiva e alinhada com quem eles são. Isso significa valorizar a diversidade de desejos e caminhos, oferecendo suporte para que eles possam explorar suas potencialidades sem se sentirem aprisionados a modelos rígidos de realização. Quando o sucesso é pensado como um diálogo contínuo entre desejo, criatividade e experiência, ele deixa de ser uma fonte de angústia para se tornar uma oportunidade de crescimento e autenticidade.

O sucesso, então, não está na ausência de falhas, mas sim na habilidade de persistir e de se levantar após cair. Quando pais e sociedade compreendem e aceitam o valor transformador das falhas, eles abrem o caminho para que os jovens cresçam com mais equilíbrio, autoconfiança e uma compreensão mais realista do que significa ser bem-sucedido. Afinal, o verdadeiro sucesso não é a perfeição, mas o amadurecimento que vem de tentar, errar e continuar evoluindo.

Capítulo X

Entre Raízes e Asas

Era uma vez um pássaro que nasceu em um ninho seguro, entre os galhos mais altos de uma árvore antiga. Desde cedo, ele sentiu a força das raízes que mantinham a árvore firme, segurando-a em pé diante das tempestades e do vento. Ali, no calor do ninho, o pássaro aprendeu sobre proteção e aconchego. Mas, em seu peito, havia um desejo maior: o de voar.

Quando suas asas ganharam força, ele se lançou ao ar. No começo, seus voos eram curtos, sempre perto da árvore que o viu começar. Mas, com o tempo, a curiosidade e a coragem o fizeram ir além, cada vez mais distante do lugar que o ensinou a voar. E a árvore, embora cheia de saudade, não hesitou em deixá-lo partir, vendo-o voar do galho mais alto, onde tantas vezes o acolheu para descansar.

O pássaro experimentou o calor do sol e a quietude da lua. Sentiu a emoção de novas aventuras, o frio da solidão nas noites escuras e o encanto de sobrevoar terras desconhecidas. Quanto mais longe ia, mais forte ficava seu desejo de explorar.

Ele sobrevoou rios brilhantes ao sol, desceu sobre vales, ouviu o farfalhar. E nas montanhas, onde o vento é farol, sentiu o mundo inteiro a lhe chamar. Cada voo era uma nova emoção, o céu sem fim, o horizonte a se abrir, com a liberdade pulsando no coração, e o frio do desconhecido a perseguir.

Voou sobre mares, enfrentou tempestades, abraçou o silêncio das florestas distantes, mas, mesmo na aventura das vastas liberdades, sentiu saudade dos galhos aconchegantes. Porque, por mais longe que pudesse voar, por mais alto que pudesse alcançar, era nas raízes que encontrava o seu lugar, onde o repouso o fazia retornar. E, em momentos de cansaço, seu olhar sempre se voltava para trás, em busca da sombra da árvore, aquela que ele chamava de lar.

Em cada novo voo que fazia, sabia que tinha para onde voltar, e, com o passar dos dias, com sabedoria, construiu seu próprio ninho, seu lugar. Agora, ele tinha uma árvore sua para enfim descansar.

Mais velho, o pássaro sereno segue do seu galho a olhar, observando com carinho novos voos a começar. As asas que um dia precisaram se firmar, hoje incentivam outras a se levantar.

E o pássaro, sorrindo ao entardecer, entende que o ciclo da vida precisa continuar, e permite, com amor, novos sonhos alçar.

Gabriela Hostalácio

Antes de encerrarmos esta jornada, é essencial refletir sobre a importância de permitir que o adolescente explore sua própria identidade enquanto permanece conectado às suas raízes. Para que os jovens desenvolvam suas asas e voem com segurança, é fundamental que os pais estejam emocionalmente preparados para apoiá-los nesse processo. Essa preparação começa com um olhar honesto para si mesmos, reconhecendo suas limitações e revisitando as referências familiares herdadas, com o objetivo de romper com padrões tóxicos e criar um ambiente que equilibre acolhimento e liberdade.

Cuidar de si emocionalmente é o ponto de partida para cuidar do outro de maneira saudável. O autoconhecimento não apenas liberta os pais da expectativa irreal de perfeição, mas também os ajuda a compreender que errar faz parte do processo de educar. No entanto, o foco deve estar em cometer novos erros – erros que nascem do esforço de evoluir, em vez de repetir os padrões familiares prejudiciais que muitas vezes atravessam gerações. Quando os pais assumem o compromisso de transformar suas práticas, criando novas formas de relação, abrem espaço para um ambiente mais consciente, onde os filhos podem crescer de maneira saudável e autêntica.

A culpa, que frequentemente pesa sobre os pais, pode ser transformada em responsabilidade e aceitação. Responsabilidade significa agir com consciência e honestidade, buscando ser um modelo positivo que inspire os filhos a desenvolverem suas próprias capacidades, sem carregar o peso da perfeição. A aceitação, por outro lado, é compreender que errar é inevitável – tanto para pais quanto para filhos – e que esses momentos de falha, quando acolhidos e refletidos, podem se tornar oportunidades valiosas de aprendizado e crescimento mútuo. Essa postura rompe ciclos tóxicos e fortalece os laços familiares com base na autenticidade e na evolução.

Dessa forma, a travessia da adolescência deixa de ser sobre controle e se transforma em uma experiência baseada na confiança. Permitir que os filhos sigam seus próprios caminhos, seguros de que, ao retornarem, encontrarão raízes firmes e acolhedoras, é um ato de amor e sabedoria. Quando esse voo se torna definitivo, ao final do amadurecimento, chega o momento de encarar o *"ninho vazio"*, essa fase, embora carregada de saudade, também traz orgulho e a chance de transformação. É o reconhecimento de que a vigilância constante deu lugar à confiança na autonomia dos filhos – um marco natural e saudável no ciclo da vida. O tempo que antes era dedicado ao cuidado cotidiano pode, então, ser redirecionado para antigos sonhos, novos projetos ou outras formas de realização pessoal. Seja individualmente ou em parceria, essa transição abre portas para que os pais resgatem suas próprias paixões e interesses, encontrando novas maneiras de preencher essa etapa com significado e propósito, enquanto os filhos constroem suas vidas de forma independente.

A adolescência é a última fase em que os pais são tão intensamente requisitados, e lembrar disso pode trazer conforto nos momentos desafiadores. É uma etapa única, marcada pela presença constante, pelas dúvidas compartilhadas e pelo cuidado próximo. Após esse período, o jovem começará a trilhar seu caminho no mundo adulto, guiado por escolhas cada vez mais independentes. O amor que antes se manifestava no zelo diário e na proteção atenta irá se transformar, ganhando novos contornos e espaços. Essa transformação não é uma perda, mas um convite à renovação. O vínculo se torna mais leve e livre, fundamentado no respeito e na partilha, onde pais e filhos se reconhecem como indivíduos únicos, com histórias e singularidades próprias. Essa nova conexão, tecida pela confiança, permite que o amor que nasceu do cuidado se transforme em um amor que acolhe a liberdade, que sabe sustentar sem prender. É uma relação que confia na força das raízes, certa de que, mesmo que os voos sigam caminhos distantes e inesperados, elas continuarão sendo um ponto de reencontro, e de novos encontros.

Querido leitor,

Se você chegou até aqui, queria, antes de tudo, expressar minha gratidão por sua companhia nesta jornada. Este livro foi pensado para ser mais que uma reflexão teórica – ele foi escrito para ser um diálogo com você, que se preocupa, que questiona, que busca ser um pai, uma mãe ou um cuidador presente e atento, mesmo nos momentos mais desafiadores. Sei que ser pai ou mãe é, em si, uma grande jornada de autoconhecimento, educar adolescentes, com todas as suas complexidades e contradições, exige de nós uma capacidade constante de adaptação e paciência, embora não exista um manual perfeito para atravessar esse período, acredito que o amor, o acolhimento e a escuta são as bússolas mais importantes.

Ao terminar este livro, deixo um convite: que possamos deixar de lado nosso ego e nossas expectativas sobre quem nossos filhos "deveriam" ser, colocando em primeiro lugar o que realmente importa – quem eles são e quem estão se tornando. Ser pai ou mãe é, sim, uma grande responsabilidade, estamos aqui para formar o futuro, e esse futuro será construído pelos jovens que educamos hoje. Cabe a nós criar pessoas conscientes, emocionalmente capazes de lidar com seus desafios e preparadas para escolher caminhos saudáveis e harmoniosos.

Mais do que tudo, quero lembrar que nosso papel como figuras de cuidado não é apenas ensinar, mas também aprender. É uma troca valiosa de crescimento para ambos os lados. Nossos filhos têm tanto a nos ensinar quanto nós a eles. Que possamos ter a sensibilidade para perceber isso, e que nosso legado seja educar pelo caminho do amor, do carinho e da humildade – essa última, talvez, a mais importante, pois nos lembra que errar faz parte, que pedir desculpas nos humaniza e que somos eternos aprendizes.

Obrigada por compartilhar essa travessia comigo. Que este livro seja uma ferramenta para guiar seus passos, fortalecer suas raízes e abrir suas asas.

Com carinho,
Gabriela Hostalácio